LA PERMISSION

DE DIX HEURES

ou Frisette et soldat.

Maximilien Perrin

PARIS

CHARLES LE CLERE, ÉDITEUR,

A LA LIBRAIRIE DES CABINETS DE LECTURE,
RUE GIT-LE-COEUR.

1842

LA PERMISSION

DE DIX HEURES.

I.

LA PERMISSION

DE DIX HEURES

ou Grisette et Soldat.

PAR

Maximilien Perrin.

PARIS

CHARLES LE CLERE, ÉDITEUR,

A LA LIBRAIRIE DES CABINETS DE LECTURE.

10, rue Git-le-Cœur.

1843

A M. Giraud,

Auteur des charmans Tableaux intitulés

LA PERMISSION DE DIX HEURES.

Monsieur,

J'ai contemplé avec plaisir et bonheur le plus char-mant sujet qu'ait inventé la riche imagination d'un ar-tiste, enfin la délicieuse peinture de la Permission dé dix heures.

En lui voyant au bras cette agaçante grisette, j'ai félicité ce beau garde-française d'une aussi jolie conquête; plus loin, en le devinant heureux séducteur, j'ai envié son destin fortuné.

J'ai dit encore, en voyant cette gracieuse image devant laquelle je m'arrête sans cesse avec un nouveau charme, j'aimerais, en ma qualité de romancier populaire, à raconter l'histoire de ce gentil soldat, ses amours avec cette jolie fille, et satisfaire par un long récit tout ce qu'exprime de malice, de curiosité, le regard de chaque fillette devant cette charmante composition.

Ce désir conçu, je me suis mis aussitôt à l'œuvre, et l'ouvrage terminé, j'ai comparé et vu, hélas! avec peine, combien la plume avait été inférieure au pinceau, et quoiqu'étant inspiré par un œuvre parfait, j'étais tombé dans le plus que mesquin.

Cependant, c'est avec toutes ses imperfections que j'ose prendre, Monsieur, la liberté de vous offrir la dédicace de ce livre, vous prier d'en accepter l'hommage, et d'apporter, en daignant le parcourir, toute l'indulgence inséparable d'un talent comme le vôtre.

Veuillez, Monsieur, recevoir l'assurance de la parfaite considération de votre très humble serviteur.

MAXIMILIEN PERRIN.

CHAPITRE I.

1788.

UN DIMANCHE A LA GUINGUETTE.

C'était par un beau dimanche du mois de juin 1788. Le public des barrières se pressait en foule dans les jardins de l'Épée Royale, célèbre guinguette située à la Rapée, sur les bords de la Seine, et en grande renommée par l'excellence de ses matelotes.

C'était, ma foi, un curieux spectacle, celui qu'offrait cet immense jardin , cette salle de danse en verdure, toutes ces tables rangées en longues files, autour desquelles, riaient, festoyaient et buvaient de joyeux convives. C'était vraiment plaisir de voir et admirer ce mouvement, cette variété de costumes, ces gens attablés côte à côte , puis ces jolies filles, avec visages riants et vermeils, parées de leurs plus beaux atours , la tête ornée d'une gentille cornette , vu qu'en ce temps la grisette ne portait pas chapeau, dansant aux sons discordants d'un orchestre diabolique.

Ce jour donc, bourgeois, bourgeoises, traitants, gardes françaises , et ouvriers des deux sexes, s'en donnaient à cœur joie en sablant à longs traits, le petit vin à quatre sous la pinte, dont la douce fumée faisait oublier les fatigues de la semaine et les soucis du lendemain. Sur une table située non loin de l'orchestre, dans l'endroit le plus animé de la fête, fumaient une superbe matelote et une énorme dinde rôtie, que venait de servir le garçon traiteur, avec force liquide. Autour de cette table, riaient, criaient et s'agitaient en tous sens, une douzaine de personnes, la plupart laides et grotesques, que le fumet et l'attente d'un bon dîner transportaient d'ivresse et de joie; parmi ces gens, avec lesquels peu à peu nous allons faire connaissance, trônait par son babil, sa gracieuseté et son adorable minois, une jeune fille, agée de dix-sept printemps au plus, ayant nom Nanette; à ses côtés un grand garçon maigre et passablement laid, aux cheveux frisés et poudrés, vêtu d'un habit noisette, d'un gilet blanc à grands ramages, d'une culotte bleu-ciel, bas chinés et souliers à boucles d'argent, tout cela ayant nom Rifolet, et pour état, celui d'employé aux gabelles; pour fortune passablement de niaiserie et un amour

secret au cœur pour la gentille Nanette, la
fine fleur des lingères du quai de la Ferraille,
à qui Rifolet n'avait encore osé adresser que
de tendres œillades.

A la même table, et toujours en tournant,
un gros homme, à la face rubiconde et jovia-
le, aux ailes de pigeon soignées et poudrées,
le tout dans un large habit marron et culotte
de nankin; ce personnage était monsieur
Badouret, perruquier depuis quarante ans à
l'arche Marion et de plus, oncle et tuteur de
Nanette l'orpheline, passons : voici monsieur
et madame Merlandin, le mari peintre en
bâtiment, et l'épouse marchande de marée
sur le carreau des Halles; monsieur Merlandin
est maigre, ses yeux sont petits et clignotants,
sa bouche est ornée d'un ratelier semblable
à celui d'un cheval, ce monsieur est d'une
pétulance effrayante, a le regard sournois et
paraît être amateur du beau sexe, dont il se

dit la coqueluche, quoique son physique lui donne un démenti. A côté de madame Merlandin, se trouve être placée madame Badouret, grosse maman dont les traits annoncent la sévérité des mœurs; plus loin, monsieur et madame Lelièvre, cordonnier, avec leurs deux enfans, Jacquot et Javotte ; ces derniers agés de quatre et six ans au plus. Monsieur Lelièvre est un homme qui parle fort peu, mange beaucoup et consulte sa femme du regard chaque fois qu'il est forcé de répondre à une question, fusse même celle de l'état de sa santé; madame Lelièvre, au contraire, est une petite femme grasse, fraîche, coquette et bavarde qui, dit-on, conduit son époux par le bout du nez et se permet même de le corriger à la passade, lorsqu'il essaie de se révolter contre l'autorité féminine.

Tous ces gens, voisins et amis, se sont réunis ce jour, afin de consommer en joie et festin, le gain accumulé du loto joué par eux, durant les soirées d'un long hiver ; or chacun étant à table pour son écot, plus ou moins fort, selon que la chance l'a favorisé, chacun donc en liberté, mange, boit et s'en donne à gogo.

— Madame Merlandin, vous qui s'y connaît, comment trouvez-vous que cette matelote soit accommodée ?

— Comme çi, comme ça, mère Badouret, n'y a pas assez de vin, c'est fade!

— Dame! qui vous empêche d'en remettre, v'là la pinte ; quant à moi, je la trouve excellente...

— Ah! dame! il n'est sauce que d'appétit, répond M. Badouret en remplissant son assiette de poisson, après avoir présenté la pinte à la plaignante.

— Monsieur Rifolet, prenez donc garde, vous chiffonnez mon bavolet en vous pen-

chant ainsi sur moi, s'écrie Nanette en repoussant le grand jeune homme, qui, enhar-
die par la joie du festin, essayait d'effleurer de
ses lèvres la joue de la jeune fille.

— Saprésti! tu t'avises de chiffonner ma
pupille, toi, polisson!... Prends garde, Rifolet, je ne badine pas avec les mœurs, dit
madame Badouret d'un ton sévère.

—Allons, ne prends pas la chose au sérieux,
femme; quel beau malheur, qu'un garçon
embrasse une fille; d'ailleurs, l'occasion fait
le larron. Prends-la aux cheveux avant qu'elle
tourne le dos, fait entendre le perruquier en
riant.

—Ah çà mais, depuis quand un futur ne
peut-il embrasser sa future?... Il n'y a qu'à
voir si mon mari s'en gênait avant nos noces,
observe madame Lelièvre.

— Son futur! faudrait pour cela que Rifo-

let se fut prononcé; mais depuis bientôt dix-
huit mois, qu'il hante notre maison et y fait la
carpe pâmée, ce benêt n'a pas encore dit un
mot de ses intentions.

— Dame! c'est vrai, ce que dit ma femme,
tu ne t'es pas encore prononcé; garçon, prends
garde! faute de parler on meurt sans confes-
sion.

— Ah! c'est que je.... enfin la timidité, et
puis mademoiselle Nanette est si sérieuse, que
je....

— C'est bon, c'est bon, Rifolet, vous nous
expliquerez une autre fois ce que vous voulez
dire, aussi bien ce n'est point ici le lieu propice à une explication, dit Nanette avec vi-
vacité, en interrompant Rifolet qui se tait et
rougit.

— C'est égal, ma petite Nanette, ce garçon
fera un fameux mari, vous avez tort de le ru-

doyer ainsi, reprend madame Lelièvre, en fixant le commis avec complaisance.

— Oui, comme le dit fort bien Nanette, ce n'est pas ici le moment de s'expliquer, mais à la maison et le plus tôt possible, si monsieur l'amoureux ne préfère que je lui interdise l'entrée de chez nous ; cela pour la réputation de ma nièce, que la présence continuelle d'un jeune homme finirait par compromettre.

— Excusez ! en v'là de la sustibilité, y me semble cependant, commère Badouret, que lorsqu'on est tant soigneux de l'honneur d'une fille, on ne lui donne pas, ainsi que vous l'avez fait, un état qui l'expose à courir par la ville du matin au soir, et hanter la maison des grands seigneurs, afin d'y reporter son ouvrage.

— Madame Merlandin, j'ai donné à Nanette, le métier qui m'a plu, et cela ne vous regarde pas ; au surplus, Nanette est une fille prudente et sage, qui sait éviter le danger.

— C'est juste, le mal est pour celui qui le cherche, dit le proverbe, et la prudence de Nanette sait l'éviter; aussi, passe-t-elle parmi ses pratiques et tout notre quartier pour une fille d'une sagesse exemplaire, fait entendre madame Badouret.

— Madame Badouret, veuillez me passer ce pilon de volaille, dit M. Lelièvre, les yeux baissés en présentant son assiette.

— Excusez, voisin, vous n'y allez pas mal, sans reproche, c'est le troisième morceau de cette force, qu'on vous sert, observe madame Merlandin en ricanant.

— Eh ben! est-ce qu'on regarde à ce qu'on mange ici? si cela est, c'est insipide, réplique madame Badouret.

— Du tout! du tout! manière de plaisanter, reprend Merlandin.

— Ah çà, mes anges, sommes-nous venus ici rien que pour manger, et ne nous ferez-vous pas sauter un petit brin? D'abord, je vous avertis que le bruit des crins-crins me donne des frémissemens dans les jambes, leur dit madame Lelièvre en quittant la table et rajustant son tablier de soie bleue.

— Saperbleu! jolie femme, si vous voulez accepter ma main pour la première danse, ça me fera plaisir, s'écrie Merlandin en se donnant un air tout grâcieux et allongeant des dents d'une aune.

— Tout de même! d'autant plus, Merlandin, que vous dansez comme M. Vestris, et que ça fait honneur à votre danseuse.

—Ah! belle dame!... manière de plaisanter, n'est-ce pas? répond le peintre en s'efforçant de donner à ses traits, un air aimable et modeste.

Rifolet, à l'instar de Merlandin, se dispo-

sait à adresser la semblable invitation à Nanette, dont le désir n'était pas moindre d'aller à la danse, lorsqu'il fut prévenu par un
garde française, jeune et joli garçon, qui se
penchant sur son épaule, au nez et à la barbe
du gabeloux, invita la jolie fille à danser, avec
la permission de la société; et la chose acceptée,
l'entraîne à la salle de danse, au grand mécontentement de Rifolet et de madame Badouret, qui n'a osé s'opposer à une permission donnée par son mari; et à regret, voit
sa nièce se perdre dans la foule, au bras d'un
soldat aux gardes.

— Y pensez-vous, M. Badouret, de confier
ainsi cet enfant au premier venu, lorsque
dans notre société nous avons plus de danseurs
qu'il n'en faut?... Et vous, Rifolet, allez-vous
donc, grand nigaud, après vous être fait souffler votre danseuse, la laisser exposée aux propos lestes et galants d'un militaire?... Allons,

réveillez-vous et courez vous placer derrière Nanette, veiller sur elle et nous la ramener au plus vite.

— Pas de chagrin, mame Badouret, car d'ici, j'aperçois Merlandin et mame Lelièvre qui pour danser se placent vis-à-vis de Nanette. Ces mots et le départ de Rifolet calment l'inquiétude de la prudente dame qui, en reportant la vue sur son époux, le trouve le nez enfoncé dans une pinte où il boit à longs traits, tandis que Lelièvre, profitant de la distraction de la société, de l'absence de sa femme, remplit son assiette pour la septième fois.

— Ah! je vous y prends, ivrogne! allez-vous encore vous livrer en société, à votre intempérance habituelle? Fi! vous êtes un homme exécrable!

— Silence! femme, laissez votre seigneur et maître se livrer au repos, à ses jouissances,

d'ailleurs, le miel n'est pas fait pour la gueule
de l'âne, et le vin est pour être bu.

— Allez au diable avec vos proverbes, gourmand! ivrogne!

Et cela dit, madame Badouret en colère,
quitte la table et s'éloigne afin d'aller veiller elle-même sur sa nièce, laissant son époux
en tête à tête avec M. Lelièvre, et les deux
enfans qui, abandonnés par leur mère, font
les cents coups, montent sur la table et tri-
pottent dans les plats sans que leur père occupé à manger y porte la moindre attention.

Reportons-nous maintenant à la danse qui,
bruyante et animée, va son train, et voyons
la jolie Nanette, dont le danseur presse tendrement la main ; elle écoute d'une oreille
attentive, les doucereuses paroles que lui débite
ce dernier, les yeux baissés et le sourire sur
les lèvres, oui, le sourire sur les lèvres, car
ce jeune et gentil soldat, à l'œil expressif, à la

tenue soignée, dont la moustache noire et coquettement retroussée orne le gracieux visage, en faisant valoir deux rangées de dents blanches, s'exprime avec galanterie, d'une voix douce et tendre, ce qui trouble, charme la jeune fille et captive son attention. Derrière ce joli couple, est venu se planter par ordre et dépit, Rifolet, l'amoureux timide, qui jaloux, et poltron, cherche à entendre les paroles du beau soldat, qu'en ce moment il envoie intérieurement au diable.

— Dis donc, Pékin, on dirait que tu m'observes et m'écoutes, dit le soldat en surprenant Rifolet près d'eux et l'oreille tendue.

— Moi, militaire, pas du tout, je regarde danser, voilà.

— Tu mens, gringalet, car je t'ai surpris aux écoutes, et afin de châtier ta curiosité, j'ai fort envie de faire sentir à tes épaules le plat de la lame de mon sabre.

1.   2

— Monsieur, ne vous fâchez pas, Rifolet est un ami de ma famille, que ma tante Badouret a sans doute chargé de veiller sur moi, interrompt Nanette effrayée.

— S'il en est ainsi, respect aux amis de votre famille et aux vôtres, ma toute adorable ; et vous, jeune Pékin, touchez là, car Xavier, dit Belhumeur, soldat aux gardes françaises, veut être l'ami des amis de cette jolie fille.

- Rifolet, avec un rire forcé, et plus par crainte que par envie, présente sa main que Xavier, dit Belhumeur, presse avec force dans la sienne.

En face de Nanette et du garde française, dansent en ce moment madame Lelièvre avec Merlandin, le galant Merlandin ayant, les yeux brillans comme ceux d'un chat dans les ténèbres, et la bouche souriante sans cesse.

— Oui, belle Adélaïde, je vous adore et me détériore si, après deux ans d'hommages et d'une cour assidue, vous ne cédez enfin aux transports du plus tendre des amans.

— Merlandin, ne me dites pas toutes ces bêtises-là, respectez en moi l'épouse de votre ami, de ce bon Lelièvre, et de plus, une mère de famille, répond en minaudant madame Lelièvre, aux discours du séduisant peintre.

— Je ne reconnais plus d'amis, d'enfans, quand il s'agit de ma passion ! Adélaïde, chère Adélaïde ! prends pitié de mon amour !...

— Non, je ne puis, la vertu d'abord, puis votre femme qui, quoiqu'excellente créature, m'arracherait les yeux si jamais elle venait à découvrir notre intelligence.

— Ma femme ! je la maudis ; dis un mot, trop intéressante cordonnière et je l'abandonne, et je fuis avec toi au bout du monde, jusqu'à Versailles s'il le faut... Adélaïde, dis que tu m'aimes, que tu prends pitié de mon martyr, que demain sur la brune, tu consens à te promener seulette, sous les arbres de la place Royale, où t'attendra ton amant...

—Ah! Isidore, que vous êtes dangereux pour une pauvre femme, et cependant, je dois résister, penser à mon mari, à mes enfans...

— Nous parlerons d'eux, bel astre! demain dans notre solitaire promenade, car j'espère que, sensible à mon ardeur, vous ne refuserez pas de venir au rendez-vous que mon amour vous donne!

— Hélas! comment avoir la force de vous refuser, répond la dame en baissant modestement les yeux.

La contredanse se termine, Merlandin et sa danseuse rejoignent la société, mais après avoir pris le chemin le plus long, celui, à travers les bosquets du jardin où le séducteur a profité de l'obscurité et de l'isolement, pour appliquer plusieurs baisers sur la bouche de sa compagne. Nanette, à qui Xavier, dit Belhumeur, aurait désiré faire prendre le même chemin, a rencontré heureusement sa tante à la sortie du rond de la danse, et madame Badouret, après avoir remercié le militaire, s'est empressée de prendre le bras de la jeune fille et de l'entraîner avec elle; Rifolet, qui n'avait point quitté Nanette, se disposait à la suivre lorsqu'il se sentit saisir et arrêter par le pan de son habit, puis entraîné à reculons hors de la foule sans parvenir à se dégager.

— Eh! bien, mon petit Pékin, est-ce qu'on se sauve ainsi tout seul, avant d'avoir fait entièrement connaissance avec un ami? fait entendre Belhumeur en retournant Rifolet, lequel reconnaît enfin la main qui l'entraînait.

— Je ne demande pas mieux, militaire, mais ce n'est pas une raison pour me tirer ainsi et risquer de m'emporter un pan de mon plus bel habit, répond le jeune homme en exa-

minant son vêtement qu'il croit endom-
magé.

— Palsembleu ! camarade, tu me produis
l'effet d'un Pékin tant soit peu intéressé;
allons ! laisse-là l'inspection de tes nippes et
viens trinquer avec moi.

— Ça serait avec plaisir, militaire, mais
je suis ici en société et ne peux rester avec
vous.

— Mille nom d'une bombe! te moques-tu,
Pékin, de refuser l'honneur de trinquer avec
la fleur des gardes françaises, avec Xavier dit
Belhumeur, le vainqueur des belles, la coqueluche du beau sexe, et par dessus tout, sur-
nommé le brave des braves, et le bourreau des
crânes? or, tu dois pressentir d'après cela,
petit muguet, qu'on n'est pas impunément,
impertinent à mon égard, mille tonnerre!
choisis donc, ou de venir vider un flacon ensemble, ou de t'aligner à l'écart avec moi.

— Militaire, je ne me bats jamais, crainte qu'on ne m'estropie, je préfère infiniment mieux vider deux flacons, que de recevoir un coup de votre sabre.

— Bien parlé, mon petit paltoquet, asseyons-nous donc à cette table, buvons et jasons en bons camarades..... Garçon ! deux bouteilles, du chenu et lestement ! s'écrie Belhumeur en caressant sa moustache et se dandinant avec grâce et coquetterie. A ta santé ! l'ami, reprend notre militaire, assis en face de Rifolet et écartant son verre qu'il a rempli.

— A votre santé, militaire, répond le jeune homme en trinquant.

— Ah çà, qui es-tu, garçon ? réponds, car j'aime assez savoir à qui j'ai affaire ?

— Je suis Eustache Rifolet, fils d'Antoine Rifolet et de Catherine Bestard, né natif de

Paris, faubourg Saint-Antoine, et de plus employé aux gabelles.

— Tu demeures en ce moment?...

— Rue Galande, à l'enseigne de la Truite qui file.

— Et moi, Xavier, enfant du régiment, maître d'escrime, première lame de France, à ton service, gabeloux, si quelque croquant te marchais jamais sur le pied... à ta santé! Eustache Rifolet.

— A la vôtre, militaire.

— De par le diable et l'enfer, trouves-tu comme moi, qu'il y a ce soir, dans ce bal, des femmes gentilles à croquer?...

— Mais oui, pas mal, militaire, et de plus, vous me semblez être amateur du beau sexe, répond Rifolet dont le regard ne cesse d'être fixé sur sa société qu'il aperçoit à quelque distance, toujours rangée autour de la même table.

—Que veux-tu, gabeloux, on aime ce qui vous aime et les femmes raffollent de moi ; oui, elles disent toutes, avec vérité, que je suis un irrésistible, que j'ai le regard fascinateur, la taille onduleuse et les jambes perfectionnées ; il y en a même de la haute qui m'admirent en faction à Versailles et m'appellent l'Antinoüs des gardes françaises.

— Oh ! et qu'est-ce que c'est que ça, Antinoüs ?

— Un Pékin de l'antiquité, un Grec ou un Romain qui possédait la politesse, l'avantage d'être moulé dans mon genre et ainsi que moi, le vainqueur du beau sexe..... à ta santé, gabeloux !..... Bois donc, paltoquet.

— Dame, militaire, c'est que nous trinquons souvent et que j'ai la tête faible.

— Mille bombes ! il faut que je te la rende solide et forte..... Garçon ! deux bouteilles et du chenu... A ta santé ! Eustache Rifolet.

— A votre santé! militaire..... Maintenant, mon nouvel ami, vous me permettrez, n'est-ce pas, de rejoindre ma société qui finirait par trouver mon absence impolie? dit Rifolet en essayant de se lever; mais Xavier le repoussant sur le banc.

— Me quitter, quand les flacons sont pleins, y penses-tu? paltoquet?

— Militaire, vous serez cause que ma future me fera la mine.

— Ta future! est-elle gentille?

— Charmante, militaire, c'est avec elle que vous avez dansé tout-à-l'heure.

— Fichtre! un beau brin de fille, quoiqu'un peu bégueule.

— Ah çà! c'est vrai; aussi à peine si j'ose lui parler de mon amour; enfin, c'est plus fort que moi, lorsque je veux ouvrir la bouche afin de lui faire ma déclaration ; eh bien ! je reste court et tout bête.

— Quoi, Pékin, tu n'es pas plus avancé que ça auprès d'une femme?...

— Oui, peur de déplaire à Nanette, surnommée la farouche lingère, l'inhumaine beauté.

— Ah ! elle se nomme Nanette, et est lingère de son état ?...

— Oui, militaire, c'est la nièce de M. Badouret, le perruquier de l'arche Marion, à l'enseigne du Chat Poudré.

— A ta santé ! l'ami.

— A la vôtre ! militaire.

— Et ta belle Nanette habite chez son oncle ? s'informe Xavier, en affectant un air d'insouciance.

— Comme vous dites, militaire, chez son oncle et sa tante, d'où elle sort tous les matins pour se rendre place du Chevalier-du-Guet, à la boutique où elle travaille.

— Et où, par galanterie, tu vas chaque soir à sa rencontre ?...

— Non, militaire, car m'y étant rendu une seule fois, Nanette la farouche, m'a fait une scène affreuse, en me défendant de venir la chercher, sous le prétexte que ma présence et mes assiduités la compromettaient.

— Palsembleu ! voilà une fillette qui est terriblement bégueule !... Ah çà, connaît-elle tes intentions à son égard, ton amour pour elle, enfin ?...

— Je vous ai dit, militaire, que je n'osais lui ouvrir la bouche de tout cela, dans la crainte de la fâcher.

— A ta santé! gabeloux!

— A la vôtre! militaire.

— Décidément, reprend Xavier, en déposant son verre sur la table, il te faudrait près de cette beauté capricieuse, un interprète éloquent pour plaider en ta faveur... Ah! que ne suis-je admis dans la maison de l'oncle! comme en qualité d'ami j'aurais bien vîte adouci la cruelle et gagné ta cause; enfin, je voudrais qu'elle t'adorât avant huit jours, que ce soit elle, qui, épuisée d'une vive passion, enviât tes faveurs et tes caresses.

— Vraiment, militaire, vous l'amèneriez à ce point?... Ah! que je vous aurais de reconnaissance.

— Oui, mais je ne connais pas la famille, or, bernique!

— C'est juste, c'est bien malheureux, car

vous m'auriez, militaire, donné un fameux coup d'épaule.

— A ta santé! gabeloux.

— A la vôtre, mon bon ami! répond Rifolet, à qui la fumée du vin monte fortement au cerveau, et qui devient de plus en plus communicatif.

— Mais, réflexions faites, n'y aurait-il pas moyen de me présenter à la famille Badouret, en qualité d'un de tes anciens amis? reprend Xavier.

— Tout de même, militaire, oui, l'idée n'est ma foi pas mauvaise... Cependant, j'ai peur de fâcher Nanette en faisant cela sans sa permission.

— Qu'importe, si je me charge de la défâcher et de la rendre moins cruelle envers toi.

— Eh bien! je me risque! en avant, militaire, dit Rifolet en se levant.

— Paie la dépense, gabeloux, et filons!

— Payer! mais il me semble, militaire, que vous m'avez invité.

— C'est juste; mais cela ne t'empêche pas de me faire une politesse, vu que chez moi la monnaie a filée ce soir avec une effrayante rapidité, allons, dépêchons, et en avant l'entrée en connaissance.

Rifolet ne raisonne plus, et, quoique fort peu généreux de son caractère, il tire sa bourse en silence et paie les quatre bouteilles, et Xavier, durant ce temps, lisse ses moustaches et rajuste son uniforme. Tandis que nos deux personnages se disposent à paraître devant la société, voyons un peu comment celle-ci se comporte ; d'abord, en regagnant la table après la contredanse, madame Badouret a retrouvé son époux profondément endormi, et la face enfoncée dans la sauce de la matelote ; madame Lelièvre, arrivant un peu après, aperçoit son époux en proie à de fortes coliques, suite de trop d'intempérance, et se débattant contre la violence du mal, ses deux enfans, grimpés sur la table, au milieu de la graisse et du vin, dans lesquels ils pataugent et baignent leurs habits des dimanches ; quant à madame Merlandin, ennuyée de la société d'un gourmand et d'un ivrogne, tourmentée par deux mauvais garnemens, tels que le petit Jacquot et la petite Javotte, enfans terribles, dont les mains graisseuses menaçaient sans cesse son casaquin de soie, madame Merlandin, donc, ayant avisé, à quelques tables plus loin que la leur, plusieurs commères de sa connaissance, était allée s'asseoir près d'elles, et suivait la causerie.

— Monsieur Badouret, éveillez-vous donc !

n'est-ce pas une horreur qu'un homme établi,
syndic des perruquiers de sa paroisse, se mette dans un semblable état ! fi ! cela est honteux, déshonorant pour la société ! A ces paroles, monsieur Badouret de relever lentement
un visage, dont un oignon bouche l'œil droit,
le nez poignarde et soutient un tronçon d'an-
guilles, où sur le reste, ruisselle une sauce
épaisse et noire.

— Vilain gourmand ! horreur d'homme !
se rendre ainsi malade à force de gloutonnerie !
ah ! je t'en donnerai du thé, de l'eau sucré,
gouliafe ! compte dessus ! s'écriait madame Lelièvre rouge de colère; puis reprenant en enle-
vant l'un après l'autre ses marmots de dessus
la table :

— Chienne de marmaille ! qui ne vaut pas
mieux que son père, si jamais je vous ramène
avec moi, il pleuvera du boudin, petits scélé-

rats!... Voyez donc, madame Badouret, dans quel état sont ces gueux d'enfans, et leur père, qui est assez bête pour ne point veiller sur eux... Allez vous coucher, monsieur Lelièvre, emmenez vos enfans, et débarrassez-nous tous les trois de votre présence; quant à moi, qui ne prétends pas être la victime de vos sottises, je reste, et veux m'amuser encore; allez, monsieur Lelièvre, allez! monsieur Merlandin aura la complaisance de me mettre ce soir à ma porte. N'est-ce pas, Merlandin, que vous aurez cette complaisance?...

— Certainement! certainement! d'autant plus que de chez vous chez nous il n'y a qu'un pas, répond le peintre en se frottant les mains. Monsieur Lelièvre, époux docile et qui se sent de plus en plus mal à l'aise, se lève, prend un bambin de chaque main et s'éloigné en silence, tandis que sa tendre épouse, le bras passé sous celui du grivois Merlandin,

se dispose à courir prendre place à une nouvelle contredanse.

— Dites donc, voisine, il me semble que
votre présence serait, en ce moment, plus utile
chez vous qu'ici, observe madame Badouret à
madame Lelièvre.

— Pourquoi cela ? Madame, demande cette
dernière.

— Parce que votre homme étant indisposé,
aura besoin de vos soins et que vos enfans
seraient plus en sûreté avec leur mère.

— Madame Badouret, vous êtes une bonne
femme, mais vous avez le malheureux défaut
de vous mêler de ce qui ne vous regarde pas.
Cela dit sèchement, madame Lelièvre, sans plus
attendre, s'élance vers la salle de danse, en
entraînant Merlandin et laissant la moraliste

occupée à débarbouiller son époux avec un coin de son mouchoir.

— Mais, où donc est passé monsieur Rifolet? ma tante, s'informe Nanette, qui a grande envie de danser aussi, et qui faute d'autres danseurs accepterait volontiers l'employé aux gabelles :

— Où est Rifolet? que sais-je, pas plus que madame Merlandin qui nous a planté là aussi, pour reverdir..... Plus souvent que j'en ferai encore des parties avec tout ce monde-là! merci! j'en ai assez! dit madame Badouret avec humeur.

— Au fait, c'est une horreur, de m'abandonner comme ça, de ne me laisser personne avec qui je puisse trinquer et causer un petit brin, dit le perruquier en emplissant un verre.

— Oui, encore une belle société que celle d'un vieil ivrogne, qui ne sait que boire et dormir, reprend madame Badouret en haussant les épaules.

— Femme! point d'impertinence, s'il vous plaît, respectez votre époux et maître en ma personne sacrée. Comme monsieur Badouret terminait ces mots, paraît Rifolet, le visage pâle et les jambes flagellantes, suivi du garde française qui, la tête haute, la moustache bien retroussée et le sourire sur les lèvres, salue avec politesse les époux Badouret et leur jolie nièce, laquelle, en apercevant le beau militaire, rougit et sourit en dessous.

— Ah! vous voilà, Rifolet, vous êtes, ma foi! un drôle de garçon, de nous laisser seuls ainsi depuis plus d'une heure au lieu de faire danser Nanette et de nous tenir compagnie, dit la perruquière au grand jeune homme qui, la langue épaisse, essaie de balbutier une mauvaise excuse et que Xavier sort d'embarras, en l'interrompant et prenant ainsi la parole, une main sur la poignée de son sabre et de l'autre caressant sa moustache :

— Assez de reproche comme ça, brave dame, et ne vous en prenez qu'à moi du tort d'avoir retenu loin de votre aimable société, le quidam ci présent, dans lequel individu, le hasard m'a fait reconnaître ce soir un ancien camarade d'enfance et d'école; on ne pouvait mieux fêter la reconnaissance que par l'attaque et l'anéantissement d'un flacon première qualité, j'ai donc en dépit de son refus retenu l'ami Eustache Rifolet, que je vous ramène humilié et tremblant.

— C'est égal, mon beau garde, vous avez eu tort; il fallait, au lieu de retenir Rifolet, venir vous attabler ici avec nous et vi-

der tous ensemble le flacon de la reconnaissance; mais, hors de vue, hors de souvenir,
dit le proverbe, ce qui fait que Rifolet m'a
laissé boire seul ici..

— Excusez, vénérable bourgeois, le mal
n'est pas si grand qu'il ne soit réparable;
car si ces dames, le jugeant digne d'être
admis en leur société, permettaient à Xavier dit
Belhumeur, de prendre place à leur côté, la
reconnaissance pourrait aisément se sceller plus
amplement encore, au moyen d'un nouveau
flacon cachet vert, autrement dit du vieux
bourgogne.

— Ça va! en avant le flacon de vieux bourgogne! s'écrie le perruquier; puis s'adressant
à Belhumeur et lui indiquant une place entre Nanette et lui : asseyez-vous ici, mon
jeune héros, dit-il, car j'adore les militaires;

les bons enfans, et me garde fort de repousser jamais l'offre d'une politesse.

— Comment, vous allez encore boire ? monsieur Badouret.

— Silence, femme, respect aux volontés d'un époux et maître, s'écrie le perruquier en frappant du poing sur la table, action énergique qui engage la dame à laisser agir son époux selon son bon plaisir.

On apporte le vin, Belhumeur fait sauter le bouchon et verse rasade ; madame Badouret, qui est d'assez mauvaise humeur, commence par refuser le verre que lui présente le militaire d'une façon toute gracieuse, mais comme un joli garçon exerce toujours certaine influence sur les femmes, même quand elles sont vieilles, Xavier, à force de prières et de politesses, finit par dérider la perruquière

qui trinque avec lui le sourire sur les lèvres.

— Eh! mais, je reconnais en vous, Mademoiselle, ma jolie danseuse de ce soir, dit
Belhumeur en s'adressant à Nanette.

— Oui, Monsieur, j'ai eu le plaisir de danser avec vous.

— J'espère bien, Mademoiselle, que ce ne
sera pas la dernière fois de la soirée, avec la
permission de l'aimable société.

— Certainement, il faut qu'elle danse cette
bonne petite, et puisque cet imbécile de Rifolet,
n'a seulement pas la politesse de l'inviter, à
vous ce soir, beau militaire, dit M. Badouret.

— En vérité, je ne sais ce qu'a ce soir M. Rifolet, mais il est d'une nullité complète...

Tenez, regardez, le voilà qui s'endort, fait entendre gaîment Nanette.

— Je crois que le polisson est ivre, fi! s'écrie madame Badouret.

— Au fait, il se pourrait que le cachet vert lui montât à la tête en ce moment, observe Xavier, en frappant sur l'épaule de Rifolet qu'il arracha brusquement à l'engourdissement où le plonge la quantité de vin qu'il a bu.

— Rifolet, n'aurez-vous donc la galanterie de faire une fois au moins danser ma nièce.

— Tout de suite! tout de suite! s'écrie le grand garçon en se levant vivement, mais que la faiblesse de ses jambes contraint à retomber aussitôt sur le banc.

— Merci, je ne veux pas d'un homme gris pour cavalier, dit la jeune fille.

— A moi donc l'honneur d'être le vôtre, jolie Nanette, avec votre permission et celle de la société, fait Belhumeur d'une voix doucereuse.

—Beaucoup d'honneur, Monsieur, répond la lingère en s'inclinant et baissant les yeux.

— Or, c'est pour la prochaine donc.

— Oui, Monsieur.

— Ce farceur de bourgogne est excellent! se dit le perruquier en vidant son verre et le remplissant aussitôt.

— Monsieur Badouret, de la tempérance, s'il vous plaît.

— Silence, femme, laissez agir votre époux

et maître selon sa volonté ; comme dit le proverbe : bon-gré mal-gré, va le prêtre au séné ; or inutile à vous de contrarier mes goûts.

— Soyez sans inquiétude, noble dame Badouret, le flacon est sain au corps comme à l'esprit, et je suis là, pour caler votre cher époux, si le hasard voulait que mes politesses le fissent dériver en chemin.

— Militaire, laissons crier les femmes et jasons ensemble sérieusement... Que pensez-vous des affaires politiques, de la situation de la France en ce temps de calamité? interroge Badouret avec emphase et la tête haute.

— En voilà d'une autre à présent, parler politique dans une guinguette! voulez-vous bien vous taire, monsieur Badouret, s'écrie la perruquière effrayée.

— Pour mon compte, je pense que j'enrage de savoir que le roi, poussé par les conseils de son orgueilleuse noblesse, vient de déclarer inhabile au grade de capitaine, tout officier qui n'est pas noble de quatre générations et d'interdire les autres grades à tout militaire roturier; je dis que le bon roi Louis XVI vient de faire là une brioche qui, plus tard, lui vaudra l'abandon de l'armée si jamais il a besoin de son bras ; je dis, qu'après semblable mesure, il n'y a plus rien à espérer pour le pauvre soldat qu'on sacrifie à une fainéante et libertine noblesse, dit Xavier avec humeur.

— C'est une infamie! une injustice révoltante! mais patience, patience, militaire, car du train dont vont les choses, depuis quelques années, il est facile d'entrevoir avant peu, la ruine du régime absolu; tant va la cruche à l'eau qu'à la fin elle se casse, dit le proverbe, termine Badouret en branlant la tête.

— Silence donc! monsieur Badouret, en vérité, on n'est plus imprudent que vous, parler ainsi en plein public!

— Silence vous-même, femme, d'ailleurs que dis-je de si dangnreux, je ne menace pas le roi, le bon Louis XVI! pour qui je donnerais à l'instant ma vie, afin de sauver la sienne si elle courait le moindre danger.

— Et moi tout mon sang, quoi qu'il vienne de me condamner à rester soldat, ou simple sergent au plus, le reste de mes jours; et cependant! je sens là, que j'étais fait pour monter plus haut, pour acquérir un beau grade à la pointe de mon sabre, et faire parler de moi!... Mais se faire tuer obscurément, se battre pour rester toujours soldat! Duperie!.

— C'est juste! travailler sans profit, décourage le plus hardi, dit le proverbe... A propos, militaire, avez-vous été voir le nouveau pont en construction?

— Le pont Louis XVI, superbe morceau! j'étais de faction hier auprès, quand le roi est venu inspecter les travaux, répond Xavier en remplissant les verres.

— Ah çà mais, que sont donc devenus monsieur Merlandin et madame Lelièvre? il y a une demi-heure que la contredanse est terminée et ils ne reviennent pas, observe Nanette.

— Ils se promènent sans doute dans le jardin; encore des gens impolis qui nous laissent de côté, répond la perruquière avec aigreur.

En ce moment, le signal de la danse se

fait entendre, Xavier se lève, présente la main à Nanette, et tous deux vont se mettre en place.

— Rifolet, mon ami, vous avez l'air d'un imbécile avec ce visage pâle et blême, voyons, éveillez-vous et buvons un coup; garçon, dit M. Badouret, en secouant Rifolet par le bras et l'arrachant, ainsi, à l'apathie dans laquelle le vin l'a plongé.

— Et la... l'ami Bel... Belhumeur?... s'informe l'employé en écarquillant ses yeux et regardant tout autour de lui.

— Parbleu! il fait danser ma nièce que tu négliges, et près de qui tu dors comme un nigaud; franchement, Rifolet, je crains fort, garçon, que tu ne parviennes difficilement au cœur de Nanette, et malgré ma protection que tes projets ne tombent dans l'eau.

— Du tout, du tout, père Badouret, je...
je suis plus sûr que ja... jamais du cœur de
ma... mademoiselle Nanette, grâce à... à mon
ami Belhumeur, répond Rifolet avec difficulté.

A la danse, le beau garde française em-
ploie mieux son temps, et, du ton le plus galant,
débite cent jolies choses à la jeune lingère,
auxquelles Nanette, timide et sage, répond avec
modestie.

Dans un endroit écarté, entouré d'un
épais feuillage se sont retirés pour causer plus
à l'aise, l'amoureux Merlandin et la gentille
madame Lelièvre; le premier, sans réfléchir que
sa femme doit s'inquiéter de sa longue absence, et la jeune femme, se fiant sur l'éloigne-
ment de son mari parti avec les deux marmots.

Nos deux personnages en paix et sans

défiance, se livraient donc aux tendres préludes d'un amour partagé, lorsqu'au bruit d'un baiser reçu et rendu, une femme perce le feuillage, se précipite sur madame Lelièvre qu'elle méduse par son apparition inattendu et lui applique d'une main vigoureuse un soufflet sur chaque joue.

— Ah! coquine, c'est ainsi que tu déranges les ménages et t'empares du mari des autres! Mille Dieux! je ne sais ce qui me retient de te briser les os! s'écrie madame Merlandin, car c'était elle, d'un ton furieux, les yeux hors de la tête et les poings sur les hanches.

— M. Merlandin, comment pouvez-vous souffrir que votre poissarde épouse insulte ainsi une femme honnête? D'ailleurs, est-ce de ma faute si, profitant de la solitude où vous m'avez entraîné malgré moi, il vous prend fantaisie de

m'embrasser de force? reprend madame Lelièvre en pleurant et se frottant les joues.

— Il est de fait que tout ceci n'était que
pure plaisanterie, dit enfin Merlandin en s'efforçant de sourire, mais plus sot qu'un renard
pris au piège.

— Taisez-vous, gredin, et ne cherchez pas à
vous excuser; car depuis un quart d'heure,
cachée dans ces arbres, j'ai tout vu et entendu.

— Ah! c'est ainsi, belle dame, que vous
renvoyez votre homme à la maison, afin
d'être mieux à même de faire vos farces?
Eh bien! on aura soin de prévenir votre cher
époux, afin qu'il vous administre une récompense à coups de tire-pieds, madame la cordonnière... Et toi, grand lâche, grand flandrin, qui

passe les trois quarts du temps à te reposer et le reste à ne rien faire, voilà donc comme tu trompes la femme assez bonne pour gagner ton pain? oh! vilain museau! tu me paierais ça j' t'en réponds!

— Madame Merlandin, encore une fois vous êtes dans l'erreur; tout ceci, je vous le répète, n'était que pure plaisanterie, reprend le peintre.

— A d'autres de semblables balivernes!... Allons!... Allons! décampons d'ici ou je tappe! s'écrie la marchande de marée en accompagnant ces mots d'un geste énergique, qui engage Madame Lelièvre à prendre la fuite pour se réfugier à la table et près de M. et madame Badouret, à qui elle était en train de raconter la chose à son avantage, lorsqu'elle fut interrompu par l'arrivée de madame Merlandin traînant son mari par le collet et le rudoyant de bonne sorte.

— Oui, parle, parle, drôlesse! je parlerai après, moi, et dirai aux vrais amis, que t'es t'une coquine que je viens de surprendre dans les bosquets, faisant l'amour avec mon homme! s'écrie l'épouse offensée et furieuse en envoyant d'un geste son penaud de mari, rouler sur le banc.

— Madame Merlandin, encore une fois, vous êtes une calomniatrice, et si la jalousie vous fait voir tout en mal, j'en suis désespérée ; mais tâchez, au moins, de ne pas en rendre victime les femmes honnêtes qu'il plaît, à votre libertin de mari, d'embrasser malgré elle, répond madame Lelièvre, se sentant forte en présence de témoins, et redressant la tête.

— En v'là une effrontée! une scélérate, qui,

prise sur le fait, ose encore nier et parler de
son honnêteté.

— Bon Dieu, madame Merlandin, ne criez
pas si haut, vous nous faites remarquer.

— Tiens! ça vous est ben facile à avaler
vous, mame Badouret; mais si une effrontée
vous soufflait votre homme, on verrait si vous
seriez contente et goberiez çà doux comme
miel.

— Madame Lelièvre, votre conduite est de
la dernière indécence, permettez-moi de vous
dire qu'on ne se conduit pas ainsi en société
honnête, surtout une femme mariée, une mère
de famille.

— Madame Badouret, encore une fois,
gardez votre morale, car je suis d'âge à
m'en passer, répond la cordonnière avec aigreur,

— Oh ! mais est-elle effrontée, cette effrontée-là, fait madame Merlandin.

— Peut-être, madame Merlandin, vous trompez-vous, car enfin, votre mari me semble trop laid pour tourner la tête à une jolie petite femme comme mame Lelièvre.

— Beau ou laid, il est de son goût, à ce que j'ai vu de mes propres yeux, monsieur Badouret.

— Vous êtes folle, la femme ! reprend madame Lelièvre en haussant les épaules.

— Folle ! répète encore, drôlesse, et tu vas de nouveau sentir ce que pèse ma main sur ton visage.

— Je vous en prie, Mesdames, cessez cette dispute, vous nous faites en vérité passer pour

de la canaille et regretter d'être dans votre
société.

— Soyez sans inquiétude, madame Badouret,
afin de ne plus vous faire rougir, on ne s'y
retrouvera plus dans votre société, car les
gens qu'on n'y rencontre ne donnent pas envie
d'y revenir.

— A votre aise, madame Lelièvre, mais que
ne la quittez-vous tout de suite?

— Si j'avais un cavalier pour m'accompagner, je ne vous embarrasserais pas long-temps.

— Il vous faudrait peut-être mon homme
pour conducteur, ça vous irait, n'est-ce pas?
fait madame Merlandin, d'un ton gogue-
nard.

— Du tout! je n'aime pas les petits garçons,
et l'air piteux de votre mari n'en imposerait

pas assez à ceux qui seraient tentés de m'insulter en chemin.

A ce compliment, Merlandin fait une grimace atroce, puis essayant de sourire :

— Manière de plaisanter, dit-il bêtement.

En cet instant, reviennent de la danse, pour reprendre leurs places, Belhumeur et Nanette, dont les regards s'arrêtent avec surprise sur les visages consternés de la société, et qu'en peu de mots, malgré l'opposition de madame Badouret, madame Merlandin met au courant de l'aventure, en apostrophant de nouveau madame Lelièvre qui, rouge comme un coq et tremblante de colère, frappe sur l'épaule de Rifolet, qu'elle arrache à un profond sommeil, et le somme, au nom de la politesse, de là reconduire jusque chez elle.

Rifolet n'a pas compris, il bâille, s'étend,

se frotte les yeux, et durant ce temps, le ciel qui menaçait depuis quelques instans, déverse aussitôt sur la terre, de grosses et larges gouttes d'eau accompagnées de violens coups de tonnerre.

Un orage! sauve qui peut! et la pluie tombe à torrent.

Alors on se culbute, on s'entasse, on s'écrase à la porte du grand salon de la guinguette, Madame Lelièvre a entraîné Rifolet de force, Rifolet, après qui elle s'est cramponnée. Madame Merlandin, craintive de perdre son volage époux, s'est de même pendue après lui, M. et madame Badouret, ainsi que Nanette, ont fui, tous ensemble, vers un abri, où les a entassés le galant garde française qui, dans cette bagarre, s'est déclaré le guide et le protecteur de la famille du perruquier.

Une heure d'attente, et la pluie cessante,

chacun regagne la ville et sa demeure, au travers de larges et profondes flaques d'eau, madame Badouret au bras de son époux, tant soit peu aviné et chancelant, Nanette à celui de Belhumeur, ce dernier, fier de sa nouvelle et gentille conquête.

[illegible]

[illegible]
[illegible]
[illegible]
[illegible]
[illegible]

[illegible]

CHAPITRE DEUXIEME.

LES TROIS AMOUREUX.

Quinze jours se sont écoulés depuis cette
fameuse journée à la guinguette de l'Epée
Royale, où madame Badouret a juré de ne
plus remettre les pieds, où son époux a fait
serment de retourner le plus tôt possible, en

faveur du bon vin qu'on y débite. La discorde
a jetté la désunion dans cette société intime,
avec laquelle le premier chapitre de ce livre
nous a fait faire connaissance; et cela, grâce à
la conduite tout-à-fait décolletée de madame
Lelièvre, à la jalouse humeur de madame
Merlandin. Madame Badouret, craignant
pour sa nièce les mauvais conseils et le mauvais exemple de la cordonnière, a défendu à
celle-ci de remettre jamais les pieds chez elle,
et la marchande de marée, sans cesse occupée
à surveiller son séducteur de mari, n'a plus
trouvé un moment pour aller flâner chez la
voisine. Rifolet, après avoir essuyé une forte
réprimande de la part de madame Badouret, sur
son intempérance, est rentré complètement dans
les bonnes grâces de la susceptible perruquière,
et a reconquis le droit de venir, chaque soir,
faire sa cour à la nièce de la maison, ou plutôt, rouler ses pouces en silence près de Nanette,

à qui il n'a encore osé adresser un mot de sa
passion, se contentant de l'admirer seulement
à la dérobée, ce qui fait loucher le timide garçon d'une horrible manière. Une nouvelle connaissance s'est cependant impatronisée dans le
domicile de la famille Badouret, et cette connaissance n'est autre que le beau garde française Xavier, dit Belhumeur, accueilli en
qualité d'ami de Rifolet et de nouvelle pratique de M. Badouret, chargé de raser et
coiffer le jeune militaire, beau brun, âgé
de 24 ans, enfant de troupe, et fils de père et
mère inconnus. C'était une excellente aubaine
pour le bon perruquier que la connaissance
d'un homme tel que Belhumeur, toujours
joyeux et buvant sec, et consentant à passer tout
le temps qu'il ne donnait pas au service, avec
le vieux bonhomme, qui avait trouvé en lui
un rude adversaire au jeu de piquet, jeu favori
du perruquier.

D'où naissait donc l'assiduité de Xavier chez les Badouret ; bonnes gens en-
nuyeux, et dont l'âge assez avancé s'accor-
dait peu avec celui du jeune militaire? La
chose est facile à expliquer, si le lecteur ne l'a
pas encore comprise. C'est que tous les soirs,
à six heures précises, une jolie fille, nommée
Nanette, de retour de son magasin de lingerie,
faisait sauter le loquet de la boutique du perruquier ; que cette jeune fille, libre alors jusqu'au lendemain matin, chiffonnait toute la
soirée de jolis ouvrages. Arrivé dans l'arrière-
boutique et en compagnie de ses parens, Rifolet, Xavier et quelques voisins, et que malgré
la surveillance active de la tante, le beau garde
française, trouvait encore l'occasion de bour-
donner quelques mots galans à la petite lingère,
de lui faire sa cour, et cela à la barbe du pauvre Rifolet, pâte crédule, qui, se fiant sur les
promesses d'un rival, s'imaginait que ce dernier,

pourvu de sa procuration, parlait d'amour dans ses intérêts.

Une seule personne n'était point la dupe des assiduités de Belhumeur, et avait tout de suite deviné un amoureux dans le garde française. Cette personne n'était autre que madame Badouret, qui, jalouse du repos et de l'honneur de sa nièce, ne jugeant pas un simple soldat un parti assez convenable pour Nanette, s'était promise d'éclaircir ses soupçons, et de congédier Belhumeur au plus vite, même, en dépit de son époux, grand partisan du jeune militaire. Maintenant, faisons plus ample connaissance avec Nanette, dont nous n'avons encore pu saisir le caractère, et pour cela, prenons la jeune fille au saut du lit, et suivons-la pendant la journée entière.

Six heures du matin viennent de sonner au coucou de la chambre à coucher des époux Badouret, chambre qui précède celle où, chaque nuit, repose la jolie fille ; on y pénètre par un petit escalier situé dans l'arrière-boutique du perruquier.

A six heures Nanette se jette en bas de sa couchette, s'habille ; ensuite, se mettant à genoux devant le lit, baisse les yeux, croise les mains, et fait sa prière avec recueillement. Car en 88, il était d'usage encore que toutes jeunes personnes adressassent matin et soir, leur prière à Dieu ; la mode est changée, c'est grand dommage, car on devait y gagner en bien.

Ce devoir accompli, Nanette descend à la boutique, embrasse les deux vieillards qui lui tiennent lieu de père et de mère.

A sept heures, la gentille lingère, un petit panier sous le bras, quitte son oncle et sa tante, pour s'éloigner d'un pas rapide. Elle longe le quai de la Ferraille, tourne le Châtelet, enfile la rue Saint-Denis. Elle atteint la place du Chevalier-du-Guet, et de là l'atelier de lingerie où, depuis deux ans, elle travaille en qualité de première et bonne ouvrière.

A midi, la maîtresse lingère fait appeler notre jeune fille. C'est une livraison à faire, une toilette de bal à porter chez la marquise de Chamalais, au faubourg Saint-Germain. A cet ordre, Nanette fait une jolie petite moue; car elle aime peu à quitter le magasin, à courir les rues où chaque homme la regarde, la suit, lui dit qu'elle est adorable et faite au tour.

— Vous savez bien, Nanette, que c'est vous, qui portez toujours l'ouvrage chez la marquise de Chamalais. Cette dame ne s'en rapporte qu'à votre goût, du soin de lui essayer ses guimpes

et ses collerettes. Le marquis est venu hier
soir tout exprès, de la part de la marquise,
pour recommander que vous portiez vous-
même cette toilette, attendue avec impatience.

A cette observation, Nanette n'hésite plus, et
un instant après, elle quitte le magasin, chargée
d'un léger carton, pour tourner ses pas vers le
faubourg Saint-Germain. Elle trouve un vaste
hôtel. Un suisse, portant hallebarde, voyant entrer Nanette dans l'hôtel, lui fait une grimace en
guise de sourire, cela en qualité de connaissance. Elle entre dans une antichambre, où,
sur de moelleuses banquettes, se prélassent une
foule de laquais chamarrés d'or et de soie, dont
l'un se détache pour conduire la lingère et
l'annoncer chez la marquise.

Nanette est introduite près de la noble dame,
jeune femme pâle et chétive, dont les traits ex-

priment la bonté, la douceur, et qui fait à la jolie lingère un accueil amical.

— Je vous apporte votre robe de bal, madame la marquise.

— Elle doit être gracieuse, si vos jolis doigts l'ont confectionnée, ma petite Nanette... Venez me la montrer, mon enfant.

— Volontiers, Madame.

Et Nanette étale aux yeux satisfaits de la dame le gracieux et riche vêtement.

— Je suis contente, mon enfant, votre ouvrage est fait à ravir... Nanette, ne voulez-vous donc accepter l'offre que je vous ai faite de venir vous fixer près de moi?

— Je ne peux, madame la marquise. L'âge avancé de mes bons parens exige que je veille

sur eux, que je sois là souvent, pour leur prodiguer des soins.

— Songez, mon enfant, que ce n'est point
à titre de cámériste que je désire vous voir
fixée en cet hôtel, mais bien, comme une compagne à qui je porte le plus grand intérêt, et
dont la société m'aiderait à passer de longs
instans de solitude. Car je hais le monde , et
n'y veux pas suivre sans cesse mon époux.

— Combien, madame la marquise, je vous
suis reconnaissante de tant d'intérêt; mais encore une fois, je me dois à ceux qui m'ont
tenu lieu de père et de mère, à ceux qui, du
fruit de leur travail, ont élevé mon enfance.

— Nanette, à cela ne tienne, ils viendraient
habiter ici près de vous.

— Alors, s'il en est ainsi, que madame la

marquise me permette de les consulter, et leur volonté sera ma loi.

— Très bien, mon enfant, en attendant prenez ce louis d'or pour vous récompenser de la peine que vous vous êtes donnée en m'apportant cette robe.

— Madame est cent fois trop bonne et trop généreuse, répond Nanette en prenant la pièce.

— Nanette, je veux vous trouver un brave et honnête homme pour mari.

— Mes parens ont la même intention, madame la marquise.

— Ah ! auriez-vous déjà un prétendu, mon enfant ?

— Oui, Madame, une espèce de prétendu.

— Expliquez-vous ?...

— C'est-à-dire, madame la marquise, qu'il vient à la maison, soi-disant pour me faire sa cour, un jeune homme ayant nom Rifolet...

— Que vous aimez ?...

— Que je ne peux souffrir, Madame.

— Alors il faut le congédier.

— Je n'ose, car il est honnête et bon, mais bête ! bête !

— En vérité ! mais souvent ces gens-là font de très bons maris, répond en souriant madame de Chamalais.

— Je le pense, mais mon cœur ne me donnera jamais le conseil d'en essayer avec Rifolet.

— N'importe, il faut vous marier, Nanette, au plus vite encore, car vous êtes trop jolie pour rester long-temps fille, dans un siècle comme le nôtre, où des seigneurs corrompus se font un jeu et une unique occupation de tromper les pauvres filles.

— Ah! Madame, c'est que je voudrais aimer celui que je prendrai pour époux, et pour cela, il faudrait qu'il fût bon, aimable et beau.

— Petite ambitieuse, qui vise à la perfection, fait madame de Chamalais en souriant, et de sa main donnant un petit coup sur la joue de la gentille lingère. Encore un long instant d'entretien entre la dame et l'ouvrière, puis cette dernière prend congé de la marquise, et pour atteindre l'antichambre, traverse une longue suite d'appartemens, où trouvant une porte fermée contre l'ordinaire, elle voulut chercher un autre passage. Nanette s'égare dans un petit salon, se voit bientôt enfermée tête à tête avec le marquis de Chamalais, bel homme d'une trentaine d'années, aux regards hardis, aux manières lestes et cavalières.

— Ah! pardon, monsieur le marquis, de vous interrompre, mais m'étant égarée et cherchant mon chemin, je suis entrée par mégarde dans ce salon, dit la jeune fille les yeux baissés et faisant un pas en arrière pour se retirer.

— Ce salon! mais je rends grâce au hasard qui vous y a amenée, ma ravissante Nanette! oui, cet incident comble mes vœux les plus chers, car j'ai beaucoup à vous dire, à vous exprimer, mon adorable enfant!

—Vous riez de moi, monsieur le marquis, qu'est-ce qu'un grand seigneur comme vous peut avoir à dire à une simple fille comme moi?

— Vous allez le savoir, Nanette, mais pour mieux entendre, asseyez-vous ici, à mes côtés. Et la jeune fille, sans défiance, se laisse conduire vers un canapé où M. de Chamalais la fait asseoir près de lui, ce qui commence à intimider notre jeune héroïne.

— Parlez, Monsieur, je vous écoute.

— Nanette, jolie Nanette ! je suis amoureux de vous à en perdre la tête, dit le marquis en s'emparant de la main de la lingère et se penchant amoureusement sur elle.

— Monsieur le marquis, est-ce là ce que vous aviez à me faire entendre ? s'écrie Nanette effrayée, en essayant de se relever précipitamment. Mais le marquis la retient de force.

— Oui, belle enfant, et n'est-ce pas une chose importante ?...

— Non, Monsieur, mais bien une plaisanterie que je vous prie de ne point prolonger davantage.

— Comment, seriez-vous assez modeste pour douter de l'empire de vos charmes sur les cœurs, et assez cruelle pour résister à mon amour?

— Monsieur, j'aime votre épouse, elle m'honore de son estime, je suis une honnête fille, c'est vous dire que, quand même votre badinage serait chose sérieuse, je ne trahirais jamais l'amitié, la confiance et la vertu.

—Nanette, fille charmante! laisse-là, crois-moi, de sots et ridicules préjugés; faite pour plaire et aimer, pour faire le bonheur d'un amant, garde-toi de repousser ma tendresse et le bien dont je veux te combler; dis un mot

et je fais de toi une femme brillante, qui par
sa grâce, sa beauté et son luxe, surpassera les
plus grandes dames de la cour.

— Assez, Monsieur, car c'est le déshon-
neur que vous m'offrez-là; ah! je vous en
conjure, revenez à de plus louables sentimens, envers celle qui honore votre noble et
bienfaisante épouse, qui pour vous estimer
encore, Monsieur, oubliera cet entretien.

Nanette en prononçant ces mots, s'était déga-
gée de l'étreinte du marquis, et avait quitté la
place qu'elle occupait sur le canapé pour aller
se réfugier à l'extrémité de la chambre.

— Ainsi, mon amour vous est odieux, Nanette, et de votre cœur je ne dois espérer nul retour? reprend le marquis en se levant aussi.

— Celui qui ne peut être mon époux ne
doit jamais prétendre à ma tendresse.

—Enfant! qui préfère l'obscurité, le travail, la fatigue, à l'existence brillante, douce et joyeuse que je lui propose pour prix d'un peu d'amour et de complaisance.

— Quoi que vous en dites, monsieur le marquis, sous la cornette et le tablier, la lingère conservera votre estime, celle de votre épouse; précieux sentiment pour mon cœur, qui se changerait en mépris de votre part si je consentais à cacher la honte que vous m'offrez sous l'or et la soie.

— Oh! tu as beau t'en défendre, petit Caton en herbe, je ferai tant pour te plaire, que toute ta raison ne te garantira pas contre mes désirs amoureux.

— Permettez-moi de me retirer, monsieur le marquis, dit Nanette en fixant la porte.

— Volontiers, ma toute belle, rien de
force, pas même le baiser que j'implore et
que je peux prendre cependant, répond monsieur de Chamalais en riant et s'approchant
de Nanette, que ses bras se disposent à saisir.

— Encore une fois, Monsieur, cessez de vous
moquer d'une pauvre fille, et laissez-moi partir.

— Après le baiser, j'y consens.

— Un baiser! et de quel droit? à quel
titre? Monsieur le Marquis.

— En vertu de l'amour que m'inspire tes
beaux yeux, ce regard enchanteur, cette taille
divine, fait M. de Chamalais en saisissant
vivement Nanette et la comprimant sur son
sein.

— Pitié! Monsieur, au nom du ciel, n'abusez pas de ma pénible position!

— Un baiser, te dis-je, femme adorable! ou j'en prends mille sur tes lèvres de rose.

Nanette tremblante, effrayée, se débat avec courage contre les étreintes du noble; qui riant de cette vaine résistance et entraîné par la passion, comprime de ses lèvres les lèvres de la jolie fille où il dépose plusieurs baisers amoureux.

— Monsieur, votre conduite est infâme, indigne d'un homme de votre rang!... Laissez-moi quitter ces lieux à l'instant même et pour n'y revenir jamais, si vous n'aimez pas mieux que mes cris attirent ici des témoins de votre audacieuse violence! s'écrie Nanette hors d'elle, en s'arrachant des bras du marquis.

— Que ta volonté soit faite, inhumaine, mais souviens-toi que pour toi je suis fou d'amour et que tôt ou tard, il faudra que tu m'appartiennes.

— Jamais! Monsieur, dit la lingère avec énergie.

— Bientôt! répond le marquis en souriant et ouvrant la porte du salon afin de donner passage à Nanette, qui sans plus attendre s'échappe en courant et quitte l'hôtel.

De retour au magasin, notre jeune fille arrive toute émue et tremblante. Là elle s'efforce de cacher son agitation en s'emparant aussitôt d'un ouvrage, et en allant travailler dans le coin le plus retiré. Six heures, souvent c'est le signal du repos; Nanette, armée de son panier, quitte la lingerie pour regagner sa demeure. Elle fait quelques pas, puis elle entend prononcer son nom derrière elle, elle se retourne et pousse un petit cri, devient toute rouge en reconnaissant Belhumeur dans le beau garde française qui suivait ses pas.

— Vous ! Monsieur Xavier ?

— Oui, belle demoiselle, moi-même, qu'un heureux hasard réunit à vous en ce moment fortuné.

— Vous vous rendiez chez mon oncle, Monsieur Xavier ?

— Comme vous dites, charmante Nanette, et si le bras d'un militaire n'effarouche pas votre vertu, veuillez lui confier le vôtre, reprend Xavier en arrondissant le sien et le présentant à la jolie lingère.

— Merci, Monsieur Belhumeur, honorée de

votre offre, mais nous voilà dans mon quartier,
où les voisins ne manqueraient pas de médire
s'ils me voyaient au bras d'un jeune homme.

— Allons, côte à côte, si vous voulez bien le
permettre.

— Volontiers, Monsieur Xavier.

— Savez-vous, mademoiselle Nanette, que
vous êtes terriblement jolie.

— Vous êtes trop honnête, Monsieur Xavier.

— Saparbleu non! car je ne dis que la vérité... Ah! fichtre! si j'étais assez heureux pour
vous plaire, Mademoiselle, il n'y aurait pas
sous la calotte des cieux un scélérat plus
joyeux que moi

— Mais vous ne me déplaisez pas, Monsieur
Xavier

— Vrai ! parole d'honneur ? Ah ! bigre, voilà
qui me flatte sensiblement... Eh bien ! vous
êtes loin de me déplaire, aussi est - ce pour
mieux admirer vos beaux yeux , entendre votre gentille petite voix , douce et caressante,
que, chaque jour, je me rends chez votre oncle,
brave homme, quoiqu'un peu licheur... Enfin,
belle Nanette, pour parler en franc soldat,
qui n'y va pas par trente-six chemins, sachez
que je vous aime à en perdre la tête et l'esprit.

Nanette, à cette brusque déclaration, rougit, baisse les yeux et reste muette.

— Eh ! bien, qu'en pensez-vous , délicieuse
jeunesse, l'hommage de Bellhumeur vous ef-
farouche-t-il au point de vous ôter la parole et
ne consentez-vous à le payer de retour?...

— Vous êtes pressant, Monsieur Xavier , et

donnez à peine aux gens le temps de se reconnaître... Vous m'aimez, dites-vous, c'est charmant;
mais Nanette est sage et a juré de n'aimer que
celui qui consentirait à en faire sa femme
légitime.

— Le conjungo, compris! telles sont les
intentions de votre humble adorateur, belle
amie, aussitôt que son colonel, d'après pro-
messe faite, lui aura sardiné l'avant-bras, autrement dit, nommé caporal.

— Ah! et pourquoi pas avant? s'informe
Nanette.

— Parce qu'il est défendu aux simples trou-
piers d'aspirer aux liens de l'hyménée.

— Monsieur Xavier, nous voici sur le quai de
la Ferraille, séparons-nous, je ne veux pas qu'on
nous voie ensemble, cela ferait jaser; dit Na-

nette en s'arrêtant tout court sous le grand Châtelet.

— Vos désirs sont des ordres supérieurs pour votre humble adorateur, superbe lingère, mais avant de nous séparer, ne m'accorderez-vous pas un mot d'espérance.

— Monsieur Xavier, je vous permets de parler à mon oncle.

Cela dit, Nanette s'échappe en courant et disparaît bientôt aux regards du garde-française. Xavier, après être demeuré quelques instans en place, se disposait à gagner la boutique du perruquier Badouret, dont il apercevait au loin la maison peinte en bleu et parsemée de fleurs de lys presque jusqu'aux gouttières, lorsqu'il se sentit tirer par le pan de son habit.

— Ah ! c'est toi, Paltoquet ?

—— Oui, moi, Rifolet, qui depuis un instant vous observe de loin, causant avec ma belle future.

—Dans tes intérêts, mon petit gabeloux, rien que dans tes intérêts.

— C'est ce que je pensais, militaire... Ah ça, que lui disiez-vous ?

— Je sondais son cœur à ton égard, mon petit Muguet, je lui demandais si, pour ta personne, elle se sentait un brin d'inclination.

— Ah! eh bien ?...

— Eh bien! elle m'a répondu que çà viendrait peut-être, mais que pour le moment, bernic!

— Quoi! elle vous a dit cela ? Elle ne m'aime pas encore, l'ingrate, pour laquelle je soupire depuis un siècle, à qui mes yeux parlent sans cesse d'amour?

— Non, pas encore; mais ce qui la flatte infiniment en toi, c'est ta retenue, ton silence; elle appelle cela de la modestie, et ça l'enchante.

— En vérité, militaire?

— Comme j'ai l'honneur de te le dire; aussi je t'engage à continuer sur le même ton, à soupirer en secret, et tu réussiras infailliblement près de la particulière en question.

— Alors, je me garderai fort d'ouvrir la bouche en sa présence; du moins, dans ce qui concerne ma flamme, et vous laisse, militaire, le soin d'attendrir la rebelle en ma faveur.

— Soit! compte là-dessus, gabelouu, et hâte-toi, afin que je l'offre de ta part, de faire emplette, près de cette gentille jardinière, d'un élégant bouquet.

— Bien pensé! militaire, cette galanterie flattera infiniment Nanette, qui adore les fleurs, preuve les capucines et les pois de senteurs qui ornent la fenêtre de sa chambrette.

Cela disant, Rifolet, dont la jardinière s'était approchée d'après un signe de Belhumeur, choisissait le plus beau bouquet de tous ceux qui couvraient l'éventaire, bouquet qu'il remet à Xavier, avec recommandation de l'offrir au plus vite et dans toute sa fraîcheur. Ensuite il s'éloigne, afin de ne revenir qu'une heure après rejoindre le garde-française et s'assurer du succès de la galanterie. Belhumeur, resté seul et armé du bouquet, sourit dans sa barbe, puis se dirige vers la demeure de Nanette, tout en lissant et relevant sa moustache avec coquetterie.

— Mille bombes! superbe occasion, fait-il en apercevant, sur le pas de la boutique du perruquier, la jeune lingère seule et en train de travailler. Nanette de son côté vient aussi d'apercevoir le beau militaire venant à elle en se dandinant avec grâce et légèreté, une main sur la hanche, et l'autre, celle qui tient le bouquet, placée derrière le dos.

— Salut à la reine du quai de la Ferraille, à la nymphe des bords de la Seine, dit Xavier souriant avec galanterie, en s'approchant de la jeune fille.

— Bonsoir, monsieur Belhumeur.

— Pourrait-on, fine fleur des lingères passées, présentes et futures, prendre la liberté de vous offrir votre image, traits pour traits, dans ces roses réunies au jasmin, à l'œillet, à la pensée et l'immortelle; cette dernière, em-

blême de l'amour éternel que vos charmes
m'ont inspiré, dit Xavier le coude appuyé
nonchalamment sur le dossier de la chaise
occupée par Nanette, et présentant le bouquet
avec un gracieux tour de main.

— Oh! le beau bouquet! qu'il est frais et
de bon goût! s'écrie la jeune fille en acceptant
les fleurs.

— Absolument comme vous, ma ravissante
lingère... Mais, où est donc cette estimable
maman Badouret?

— En course par la ville, pour ne rentrer
que ce soir.

— Accompagnée sans doute de son tendre
époux?...

— Non; car mon oncle, est en ce moment, avec M. Lelièvre, notre voisin, au

cabaret de la Pomme-du-Pin, répond Nanette.

La jolie fille est donc seule au logis, et cette
pensée fait sourire le garde-française d'espoir
et de bonheur. Malheureusement, Nanette,
en train de travailler sur la rue, ne semble
pas du tout disposée à rentrer dans la maison,
ce qui déroute Xavier, vu qu'en plein quai,
en vue des voisins et allans et venans, il est
difficile de conter fleurette et de s'émanciper
avec une fillette; or, il s'agissait donc de trouver un expédient pour faire rentrer Nanette
dans la boutique, afin de mettre à profit l'absence de l'oncle et de la tante. Après avoir
réfléchi un instant :

— Belle Nanette, ne trouvez-vous pas, dit
Xavier, que la soirée devient fraîche, humide,
et dangereuse pour votre mignonne personne?

— Mais non, monsieur Belhumeur, je

trouve au contraire qu'il fait une chaleur étouffante, ce soir.

— C'est donc çà qui m'altère et me rend le gosier sec comme un sac à farine?

— Vous avez soif? que ne le disiez-vous tout de suite, monsieur Belhumeur? répond Nanette en se levant pour aller chercher du vin et rentrant dans la maison, où la suit le militaire, jusqu'à l'arrière-boutique. Nanette s'empresse d'atteindre une bouteille et un verre, et de sa main blanche et potelée de verser rasade au jeune homme.

— A votre santé, mon adorable.

— Merci, monsieur Xavier.

— Monsieur! que ne dites-vous Xavier tout court, cela me rendrait heureux et fier.

— Oh! je n'oserais, monsieur Xavier.

— Et moi, jolie fille, j'oserai te dire que je t'adore, qu'il me faut ton cœur, ton amour, et qu'en revanche je m'engage à être ton fidèle amant, ton époux, avec la permission de mon colonel.

Ainsi disant, Belhumeur avait passé son bras autour de la taille svelte de Nanette, qu'il pressait sur lui avec ivresse et amour.

— Dam ! je vous ai dit, monsieur Xavier, qu'il fallait parler à mon oncle.

—Volontiers, mais pas avant que ta bouche gracieuse, chère Nanette, ne m'ait avoué que tu consens à payer d'un vif retour ma brûlante passion... Réponds, Nanette, dis que tu m'aimes, et qu'un baiser de toi m'en donne l'assurance, alors je fais tout pour devenir ton époux.

— Laissez-moi, ne me pressez pas ainsi, monsieur Xavier, cela me fait frayeur.

— Nanette! jolie Nanette! c'est à tes pieds que j'implore un mot d'amour, celui qui doit faire le bonheur de ma vie, s'écrie le garde française en mettant un genou en terre et baisant avec transport la main de la jeune fille dont il s'est emparée.

Nanette n'ose répondre, elle est rouge, agitée, son cœur bat avec force. Xavier devient plus pressant, de la main de la jeune fille, sa bouche s'élance jusqu'aux lèvres de la lingère, qu'elle comprime avec volupté. Nanette étourdie, au lieu de se défendre, répond à ses caresses, et le mot : je vous aime! s'échappe de ses lèvres humides.

— Ah! Xavier, au nom du ciel! n'abusez pas de cet imprudent aveu, et hâtez l'instant de notre mariage! ajoute Nanette suppliante.

Le militaire la presse sur son sein en la couvrant de caresses.

7

En ce moment, la porte de la boutique vient à s'ouvrir, la jeune fille s'échappe du sein de Belhumeur, pour aller cacher son trouble, sa rougeur, dans sa chambrette, sans s'inquiéter du visiteur qui s'avance, et dans qui Xavier reconnaît Rifolet.

— Tiens! vous êtes seul, militaire, où est donc mademoiselle Nanette?

—Dans sa chambre, sanctuaire impénétrable d'où j'attends qu'elle descende.

— Et le bouquet, militaire?..

— Accepté!

— Quel bonheur! elle doit avoir trouvé la chose de bon goût?

— Sans doute, répond Xavier avec indifférence, occupé qu'il est de friser ses moustaches devant un petit miroir.

— Vous le lui avez offert de ma part ?

— Non, de la mienne.

— Cependant, militaire, ce n'est pas là ce dont nous étions convenu...

— Possible! paltoquet, mais la belle paraissait peu disposée à m'entendre lui parler de ta passion et pour la bien mettre en humeur, et me faire accueillir favorablement, j'ai cru devoir lui offrir ces fleurs de ma propre part.

— Alors, elle vous a écouté ?

— Oui !

— Que lui avez-vous dit ?

— Un tas de bêtises.

— Sur mon compte ?...

— Un peu !

— Merci du service, fait Rifolet avec humeur.

— Mais des bêtises aimables, qui l'ont fait rire et bien disposée en ta faveur.

— Vraiment! contez - moi donc çà , militaire.

— Une autre fois, gabelou, car voici le respectable Badouret qui, en société d'un quidam, revient du cabaret de la Pomme-de-Pin, répond Belhumeur, en voyant entrer le perruquier suivi de M. Lelièvre, tous deux passablement avinés et discutant avec chaleur.

— Oui, voisin, je le répète, c'est abominable d'oser proposer l'abolition des priviléges du clergé; aussi que le contrôleur Calonne y prenne garde, car comme dit le proverbe : de la main à la bouche se perd souvent la soupe; bien mal acquis ne profite jamais; celui qui cherche le péril ne manque pas d'y périr! criait le perruquier, plus rouge que cerise, en entrant dans sa boutique, sans faire attention à Xavier ni à Rifolet.

— Mais songez donc, voisin, qu'avec les richesses de cet ordre, Calonne se propose de combler l'abîme où est prêt de s'engloutir la monarchie; songez donc que le déficit financier est de neuf cent trente-huit millions, qu'il n'est plus possible de marcher, tout crédit étant anéanti, répond flégmatiquement M. Lelièvre.

— S'il en est ainsi, et que ce soit pour sauver la monarchie, j'approuve; car vive la monarchie! vive Louis XVI notre roi bien-aimé! s'écrie M. Badouret en pirouettant et manquant de tomber, se rattrappant après le garde française.

—Ah! ah! c'est vous, cher ami? et toi aussi.

Rifolet? que faites-vous donc là, tous deux, au lieu de venir trinquer avec le voisin Lelièvre et moi?

— Nous gardions la boutique, père Badouret, répond Rifolet.

— Eh ben, où est donc Nanette, ma nièce, que j'avais mis en faction à la porte, avec consigne de venir me chercher à la Pomme-de-Pin, si elle voyait revenir ma femme?

— Dans sa chambre, estimable perruquier, répond Xavier.

— Ah! oui, l'innocente aura été effrayée de se trouver en tête-à-tête avec deux garçons.

Comme Badouret terminait ces mots, la porte s'ouvre avec violence et donne entrée à madame Lelièvre, qui, le visage animé, le regard sévère, s'approche vivement de son mari qu'elle saisit par le collet de l'habit.

— C'est donc ainsi, monsieur mon homme, que vous enfreignez mes ordres? ne vous avais-je pas défendu de remettre les pieds dans cette maison, et d'aller au cabaret avec ce vieil ivrogne de perruquier? A ces paroles, Lelièvre baisse le nez et reste muet.

— Dites-donc, petite mère, est-ce que vous avez peur que nous ne donnions un peu de malice à votre mari, que vous l'empêchez de nous fréquenter? répond Badouret?

— Qu'est-ce que vous dites? vieux sac à vin? il vous sied bien de m'adresser la parole après la conduite insolente que votre pigrièche de femme a tenue à mon égard, lors de notre partie à l'Epée-Royal, et après avoir eu la malhonnêteté de me défendre de remettre les pieds chez elle, dois-je permettre que mon mari vienne s'y débaucher?

— Madame, la maison de mes parens, est une demeure honnête où personne ne puise de mauvais principes, fait entendre Nanette, attirée par le bruit et qui en entrant dans la boutique a entendu les dernières paroles de la cordonnière.

—Voyez-vous ça, Mademoiselle Tralala qui se mêle de ce qui ne la regarde pas, répond la cordonnière.

— Madame, je ne souffrirai pas qu'on insulte ma famille, et vous êtes une impertinente, riposte Nanette avec fermeté.

— Voyez à quoi vous m'exposez, monsieur Lelièvre en me forçant de venir vous chercher dans cette maison, à être insulté par chacun ; or, commencez par filer vers notre boutique afin de voir si j'y suis.

A cet ordre de son épouse, Lelièvre gagne la porte en murmurant, et au bruit des éclats de rire de M. Badouret, Xavier et Rifolet.

— Allons, petite mère, point de colère, c'est bête et gâte votre gentil minois, fait entendre Xavier en riant et essayant de s'emparer des mains de Madame Lelièvre. En cet instant, paraît un autre personnage, madame l'a louret enfin, qui, de retour de ses affaires, reste frappée de surprise à la vue de la cordonnière se débattant contre les attaques de Belhumeur.

— Que se passe-t-il donc ici? s'informe la dame avec sévérité.

— Une scène que je viens faire à votre ivrogne de mari, qui se permet sans cesse de débaucher le mien, ce que je défends absolu-

ment, entendez-vous, madame Badouret, répond la cordonnière avec sécheresse.

— En effet, monsieur Badouret a grand
tort et devrait m'imiter.

— Qu'entendez-vous par ces mots, madame la perruquière?

— J'entends par-là, madame la cordonnière, que lorsque la conduite déréglée des
gens, m'a contrainte de leur fermer ma maison, mon mari, à mon exemple, devrait rom-
pre toutes liaisons avec eux.

— Notre conduite déréglée; excusez! ne
faites donc pas tant la susceptible, madame
Badouret, vous, dont la demeure est le rendez-vous des galans de votre nièce.

— Insolente!! s'écrie la perruquière en levant la main sur madame Lelièvre, mais que
Belhumeur retient de force.

— Oh ! vous avez beau vous emporter ; on sait dans tout le quartier, qu'il vous a plu, malgré votre semblant de beaux principes, de donner pour amoureux à votre fille, ce beau militaire qui ne bouge d'ici, ni plus, ni moins que la grosse solive de votre plafond, ce qui ne vous empêche pas par précaution, de souffrir en plus et en qualité de futur prétendu, cet imbécille de Rifolet.

— Halte-là ! mille bombes, cordonnière de mon cœur, car vous mettez les pieds dans le plat, fait entendre Belhumeur.

— Jour de Dieu ! madame Lelièvre, hâtez-vous de sortir d'ici, ou je ne réponds plus de ma colère ! s'écrie la perruquière hors d'elle, en grinçant les dents et montrant le poing à la cordonnière qui, après avoir riposté avec insolence, quitte la place en ricannant et faisant entendre des paroles de haine et de vengeance.

— Eh bien ! monsieur Badouret , vous voyez à quoi vous nous exposez, à être insolenté dans notre propre demeure! voilà ce qu'on gagne à fréquenter la canaille , dit la perruquière après le départ de madame Lelièvre.

— Dam ! tu sais, femme, que je suis un profond politique, que j'aime à jaser gouvernement et que ce pauvre Lelièvre, si bête en présence de son épouse, est un malin en fait d'affaires publiques , or, qui se ressemble s'assemble ! termine M. Badouret.

— Quant à vous, jeunes gens, vous venez d'entendre de la bouche de cette vipère, la réputation que me vaut votre continuelle présence ici, il faut donc que cela finisse d'une manière ou d'une autre et nous expliquer tout de suite et franchement; toi, Rifolet, tu veux Nanette pour femme?...

— O... ou... oui, répond Rifolet en tremblant et balbutiant.

— Et toi, Nanette, reprend madame Badouret, veux-tu de ce garçon pour ton mari ?.....

— Non, ma tante, répond Nanette avec
fermeté en fixant Belhumeur dans les yeux
de qui elle a puisé la force nécessaire pour
faire cette franche réponse.

— Alors, Rifolet, inutile à toi, mon garçon, de perdre désormais ton temps ici, puisque Nanette ne te veut pas pour mari, fais-
nous donc le plaisir de suspendre tes visites; car
désormais la porte ne s'ouvrira plus pour toi
qu'une fois par mois et en qualité d'ami.

— Cependant, Madame...

— Allons! silence, ou décampe à l'instant,

Rifolet. Maintenant, à vous, mon beau militaire, dont j'ai découvert dès le premier jour les intentions sournoises ; vous saurez qu'en qualité de simple soldat, je ne vous trouve pas un parti assez éminent pour Nanette, à qui nos moyens permettent de donner douze cent francs en mariage ; ainsi donc n'espérez rien avant que vous ne soyez caporal, et en attendant, veuillez de même cesser vos visites chez nous.

A ces mots, prononcés par sa tante avec fermeté, le cœur de Nanette bat et s'oppresse. De ses yeux s'échappent, malgré elle, un torrent de larmes.

— Comment, Belhumeur aussi, une de mes meilleures pratiques, tête et queue à poudrer tous les jours, observe M. Badouret.

— Je m'en moque! l'honneur de ma nièce

m'est plus précieux que la pratique! répond
la perruquière.

— Ça, susceptible, maman Badouret, n'y
a-t-il pas moyen de s'expliquer et de vous
rendre plus traitables? dit Xavier d'un ton
grave.

— Je ne veux rien entendre; devenez caporal ou sergent, et je vous écouterai alors.

— Mille bombes! faut-il qu'une femme
ait le cœur assez dur pour résister au désespoir de deux amans infortunés! reprend Belhumeur en frappant du pied.

—Femme, t'es trop sévère aussi; tiens, regarde cette pauvre petite Nanette, comme elle
est en larmes, ni plus ni moins qu'une gout—
tière, ça me fend le cœur, soupire M. Badouret.

— Je vois, que ma décision est bonne

quoique prise un peu trop tard. Quant à toi, petite sotte, dépêche-toi de monter dans ta chambre, et plus vite que ça, encore; vous, Belhumeur, prenez la porte et lestement, car j'entends le rappel, et vous frisez la salle de police; toi, Rifolet, je t'engage à prendre un air moins consterné et à suivre Monsieur.

Cela dit, Rifolet obéit en poussant d'énormes soupirs, en suivant les pas de Belhumeur qui, cherchant à dissimuler son dépit, se retire la tête haute, et en caressant sa moustache.

CHAPITRE III.

LE DANGER D'ALLER DEUX AUX CHAMPS.

— Ne me parlez plus des femmes, militaire,
car près d'elles, je suis le plus malheureux des
hommes.

— En vérité!

— Comme j'ai l'honneur de vous le dire,
cher ami. Enfin, jugez de mon guignon auprès

de ce sexe perfide, en apprenant hélas que la belle Nanette n'est pas la seule qui ait repoussé ma flamme et le doux nom de mon épouse, mais qu'une demi douzaine d'autres femmes avant elle, m'ont déjà fait essuyer cet affront. Ah! c'est à s'en désespérer, à se faire capucin par dépit!

— Hé! capucin, la profession n'est déjà pas tant à dédaigner; métier de fainéant, où l'on vit et boit à son aise; foi de Belhumeur! si je n'étais garde française, je me ferais frère cordelier.

— Laissez-donc! joli garçon, vainqueur auprès des belles, vous feriez cette bêtise? bon pour moi, vilain tout laid que le sexe repousse.

Ainsi causaient Xavier et Rifolet, quinze jours après leur bannissement de la maison

Badouret, tout en vidant, un après-dîner, une pinte de vin blanc, à la cantine de la caserne, où l'employé aux gabelles, devenu l'inséparable de Belhumeur, était venu rejoindre ce dernier.

—Ah ça, mais reprend le militaire, tu ne te consoles donc pas, camarade, des dédains de la jolie lingère et du refus qu'elle a fait de ta personne?...

— M'en consoler, jamais! aussi, pourquoi suis-je assez nigaud pour me faire souffler le cœur de la femme que je convoite?

—Je ne comprends pas, camarade, répond Xavier en bourrant sa pipe.

—Et moi, j'ai bien compris, Belhumeur, qu'au lieu de parler pour moi à Nanette, vous avez parlé pour vous...

— C'est possible! en tout cas la faute en est au dieu Cupidon qui, en me montrant ta maîtresse si jolie, m'a fait trahir la confiance que l'amitié avait placée en moi.

— C'est égal, voilà un mauvais tour que vous m'avez joué là et dont je devrais vous garder rancune si je m'en sentais la force. Cependant, ce qui me console dans le malheur, c'est que vous en avez été, ainsi que moi, pour vos frais, beau conquérant des cœurs! car la maman Badouret a mis bon ordre à vos desseins perfides.

— En me congédiant impoliment. Mais laissons là cette aventure, oublions notre rivalité, et qu'à cette bouteille, qu'ensemble nous venons de vider à notre sincère et durable amitié, une autre succède aussitôt.

— Ça va! Ce parti pris, Belhumeur frappant

sur la table avec la poignée de son sabre, fait accourir une jeune fille grasse, fraîche et souriante.

— Que désirent ces Messieurs?

— Une bouteille, petite Toinon.

— Voilà, Messieurs.

Et la jeune fille s'éloigne.

— Peste! un gentil morceau, fait Rifolet, dont les yeux n'ont cessé de fixer la jeune servante.

— Fille à marier, enfant d'un vieux troupier mort au champ d'honneur, répond Belhumeur.

— Ah! elle est orpheline? interroge Rifolet.

— De père, mais ici est sa maman, mère Marie

Chacal, cantinière du régiment... Parbleu ! il me vient une idée!

— Laquelle ? militaire.

— C'est de te marier avec cette jolie et bonne fille, dont la dot n'est pas à dédaigner, grâce à l'intelligence, au travail de sa mère.

— Non, militaire, j'ai trop de guignon, ça raterait encore, et ça serait la huitième passion qu'il faudrait rentrer.

— Ainsi, tu refuses décidément ?...

— Dam! si j'étais certain de réussir...

— Qui ne risque rien, n'a rien, essaie gabeloux.

— Comment m'y prendre, alors ?

— A l'opposé de la manière dont tu t'y es

pris avec la nièce de Badouret ; c'est-à-dire, qu'il te faut avoir du toupet, de la témérité, venir souvent en cette cantine, y faire les yeux doux à Toinon, et te faufiler adroitement chez sa mère, dont le domicile est hors de la caserne et tout ici près.

— Mon bon Xavier, avant de prendre un parti, j'ai besoin de revoir encore la jolie Toinon.

—Rien de plus facile ! ces derniers mots dis, Belhumeur frappe de nouveau sur la table, ce qui fait accourir la jeune cabaretière.

— Toinon, encore une bouteille et un mot, dit le garde française en prenant la jeune fille par la main.

—Parlez, Belhumeur, je vous écoute, dit Toinon en souriant et montrant une rangée de dents blanches comme la neige.

— Toinon, votre cœur est-il libre ?

— Dame ! oui, à ce que je crois.

— Toinon, votre respectable mère consentirait-elle à vous lancer dans les liens de l'hyménée ?

— Dame ! ça se pourrait bien tout de même.

— Toinon, voulez-vous devenir la femme adorée d'un jeune et tendre gabeloux ?

— Dam ! s'il me plaisait, tout de même.

— Voilà l'aspirant à votre possession, regardez, Toinon, et répondez, reprend Belhumeur en indiquant Rifolet, qui, fort mal à son aise durant l'inspection, rougit et s'agite sur son banc.

— Dam ! Monsieur n'est pas trop beau, mais avec le temps il est possible que je m'y fasse et l'accepte, fait entendre la jeune fille d'un ton sérieux après avoir examiné l'employé aux gabelles.

— Toinon! pas de faux fuyant, répondez, permettez-vous à mon ami Rifolet de vous adresser ses hommages, et de vous demander à votre mère, en qualité d'épouse légitime?...

— Dame, qu'il commence par m'en conter un petit brin et s'il ne me déplaît pas trop, je lui permettrai d'en parler à ma mère.

— Vivat! voilà qui marche tout seul... à toi, gabeloux, d'user de la permission, s'écrie Belhumeur en riant.

— Vous êtes bien bonne, Mademoiselle, fait entendre Rifolet en ôtant son chapeau pour saluer Toinon.

— Ce n'est pas ça, nigaud! seras-tu toujours

cornichon? prends cette main et la baise, puis, envoyant au diable ta sotte timidité, dis à cette jolie fille : « Toinon, je te veux pour ma compagne, pour ma femme, je suis un bon enfant; je te rendrai heureuse comme une reine; hâte-toi de m'aimer aussi, puis en avant la noce et les violons!

— Oui! c'est ça, je vous aime, adorable cantinière! aimez-moi vîte et en avant la noce et les violons! s'écrie Rifolet, le chapeau, cette fois, de travers et en saisissant la jeune fille qu'il embrasse, non sur la main, mais sur son visage rosé.

— Ah ben! vous êtes un fameux lapin et drôlement hardi, monsieur Grifouillet, fait Toinon en riant, mais après avoir accepté le baiser d'assez bon cœur.

— Bravo, gabeloux! bravo! je n'aurais pas

mieux fait moi, qui s'en pique, dit à son tour Belhumeur.

— Dites donc, dites donc, farceur, il ne faudra pas comme ça aller vot' train, devant mère Chacal, au moins, car elle ne badine pas et vous donnerait une drôle de danse.

— Pas de danger, ma reine, je saurais choisir le moment propice, répond Rifolet, qui, alléché par un premier succès, veut réitérer l'embrassade, mais auquel en se sauvant Toinon jette un verre de vin en pleine face.

— Ah! que c'est bête! mais c'est égal, j'ai été terriblement entreprenant, fait Rifolet en essuyant son visage et ses habits.

— Gabeloux, je suis on ne peut plus satisfait de ta conduite, continue à être ainsi audacieux, et tu feras ton chemin auprès des

belles ; maintenant, paie l'écot et séparons-
nous, car l'amour m'attend dans les bras
d'une superbe particulière, et la galanterie me
dicte d'être exacte au rendez-vous.

— A ça, mon cher, c'est donc toujours
mon tour à payer ?

— Comme tu dis gabeloux, vu que je suis
en ce moment brouillé avec la monnaie; au
surplus, c'est bien le moins que tu régales ton
maître en l'art de plaire.

— C'est assez juste, militaire, car c'est à
vous que je suis redevable de la scélératesse dont
je viens de faire preuve tout-à-l'heure ; Dieu
de Dieu ! ai-je été entreprenant! Quelques
mots encore et les deux amis se séparent,
Rifolet pour aller vaquer aux occupations de
son emploi, Xavier pour cingler vers la place
du Chevalier-du-Guet, près de laquelle il se met

en sentinelle dans le renfoncement d'une allée.

Il y avait quelques minutes que le garde française faisait faction, lorsqu'au coup de la sixième heure du soir, Nanette passant fut escortée par Xavier, à qui la jolie fille sans paraître surprise adresse un sourire d'intelligence.

— Vous, Xavier, toujours exact! fait entendre Nanette en passant son bras sous celui du militaire.

— Toujours, ma toute belle, et de plus amoureux de vous jusqu'à la mort.

— Ah! Xavier, je suis bien coupable en trompant, ainsi que je le fais chaque jour, la confiance de mes parens, en me promenant et causant tous les soirs avec vous, lorsque ma tante est persuadée que nous ne nous revoyons plus.

— Oui, enfoncée la tante ! mais aussi, pourquoi cette brave dame Badouret, s'avise-t-elle de jeter des bâtons au travers de nos sentimens et de congédier impoliment de sa maison le plus tendre des amans ?

— Hélas ! à quoi lui a servi cette sage précaution, puisque son indigne nièce, oubliant la sagesse, la prudence, vous voit et écoute chaque jour ? soupire Nanette.

— Allons, ma tourterelle, ne roucoulons pas avec chagrin ; vive l'amour, vive la joie et ne voyez dans votre humble adorateur qu'un homme qui vous respecte et vise au bon motif.

— Oui, c'est ainsi que je l'entends; Xavier, mais hélas ! quand vous sera-t-il permis d'être mon mari ?

— Patience et bientôt, ma colombe, car

un mien cousin, chef de cuisine chez un grand seigneur, m'a promis la protection de son maître, grand ami de mon colonel.

— Quel bonheur! dit Nanette en regardant près d'elle: Mais, Xavier, vous m'écartez trop de mon chemin, nous voilà près de la Bastille; chaque jour vous en faites autant, aussi me faites-vous gronder par ma tante.

— Ma reine, il fait grand jour, le temps est superbe et il me serait doux de goûter un instant avec vous l'air pur des champs.

— Y pensez-vous? pour rentrer à neuf heures! pour que ma tante apprenne cette escapade! non, non, retournons, Xavier.

— Soit, mais nous sommes seuls sous ces arbres du quai, donnez-moi un baiser, Nanette?

— Un seul, j'y consens. Et Belhumeur usant de la permission en prend vingt et en reçoit autant.

— Ma tourterelle, vous verrai-je demain ?

— C'est dimanche, Xavier; et sur l'après-midi, j'accompagnerai mon oncle à la promenade, cela, par ordre de ma tante, qui, se méfiant de la passion de son mari pour le vin, m'envoie avec lui en qualité de Mentor.

— Superbe, mon adorable, et où porterez-vous vos pas ?

— Vers les Porcherons, m'a dit tout bas mon oncle.

— Encore plus beau, ma chérie.

— Pourquoi cette hilarité, Xavier? demande Nanette.

— C'est que demain, votre adorateur, ma divine, jouit d'une permission de dix heures, et qu'il se propose, se trouvant aux Porcherons et sur votre passage, d'offrir une politesse au cher oncle Badouret.

— O ciel! et si ma tante vient à le savoir?

— Son cher époux se gardera fort de lui conter la nouvelle, répond Belhumeur.

— Eh bien donc, à demain trois heures de l'après-midi, Xavier.

— Exact au rendez-vous, heure militaire, ma chérie!

Et cela dit, ayant atteint le pont au Change, les amans se séparèrent après s'être tendrement pressé la main.

— Ah çà, monsieur Badouret, songez à être raisonnable, songez que vous êtes le cavalier d'une

jeune demoiselle, de votre propre nièce sur qui
vous devez veiller en père. Or, n'allez pas vous
griser et exposer cette enfant à quelque fâcheux
incident, disait madame Badouret, le lendemain
dimanche, en mettant la cravate blanche
de son époux, et le parant de ses propres
mains.

— Sois sans inquiétude, femme, je serai
d'une sagesse, d'une prudence exemplaires.

— Vous me promettez donc de ne pas aller
plus loin que le Jardin-du-Roi, et d'être ici
de retour sur la brune !

— Oui, femme, sur la brune.

— Et toi, Nanette, fais en sorte que ton oncle tienne sa parole, songez à mon inquiétude
si je ne vous voyais rentrer avant la nuit.

— Oui, ma tante, répond Nanette, les yeux

baissés et rougissant un peu, en ce qu'elle se sent coupable et complice de son oncle.

Ils partent, le perruquier, frisé à blanc, le chapeau à trois cornes sous le bras, et tenant le bras de sa nièce, parée de ses plus beaux atours, se redresse et marche d'un pas ferme. Ils montent le quai. Parvenus au pont Notre-Dame, convaincus que madame Badouret les a perdu de vue, les deux promeneurs changent brusquement de route pour se diriger vers la rue Saint-Denis.

— Mon oncle, c'est bien mal à vous de tromper ma bonne tante, si nous n'allions pas aux Porcherons! dit Nanette, en s'arrêtant tout court.

— Et moi, petite, je tiens infiniment à y aller. Il serait impoli de ma part de faire droguer en vain ce cher voisin Lelièvre, qui, en cachette de sa femme, m'y a donné rendez-vous.

— Quoi, mon oncle, encore cet homme dont l'épouse nous a tant insultés il y a quinze jours.

—Oui, sa femme, mais lui, c'est la meilleure pâte possible, de plus, un gaillard qui, sous son air niais et engourdi, cache un malin et profond politique... Or, petite nièce, tu ne voudrais pas priver ton cher oncle du plaisir qu'il se promet en causant affaire d'état avec un voisin ?

— Mon Dieu, non, mon oncle, et puisque cela vous fait tant de plaisir, allons aux Porcherons ; mais surtout ! soyez sage, ménagez-vous et ne passons pas l'heure indiquée par ma tante pour notre retour.

— Sois sans inquiétude, petite, tu seras contente de moi ; d'ailleurs, ne suis-je pas avec toi, et comme dit le proverbe : mets-toi avec les bons et tu seras bon.

L'oncle et la nièce, tout en causant, atteignent le boulevard. Ils se dirigent vers la rue Grange-Batelière, atteignent les Porcherons, où plusieurs guinguettes bruyantes s'offrent à leurs yeux. Ce fut celle de l'ancien Ramponneau qui obtint la préférence de la part de nos deux promeneurs. A leur entrée dans le jardin, ils sont aussitôt accostés par le cordonnier Lelièvre, lequel, débarrassé de la surveillance de sa femme, affecte un air décidé et mauvais sujet.

— Voisin, où nous plaçons-nous ? s'informe Badouret, empressé d'entamer bouteille et conversation, en promenant son regard sur les nombreuses tables qui meublent le jardin, afin d'en découvrir une qui soit disponible.

— Par ici ! papa Badouret, par ici ! voilà des places, et de plus une bouteille au service des amis et connaissances, s'écrie de loin une voix que Nanette reconnaît pour être celle de Belhumeur.

— Tiens ! c'est ce cher Xavier qui nous appelle… regarde, Nanette, le reconnais-tu là-bas ?

— Oui, mon oncle ; et même qu'il nous indique sa table en nous invitant d'aller nous y asseoir.

— Eh bien, petite, il faut accepter l'invitation, et nous rendre près de lui ; d'ailleurs, l'occasion est superbe, en ce que Belhumeur est un bon garçon, qui te fera danser tandis que je causerai avec ce cher Lelièvre.

— Mais, mon oncle, si ma tante allait savoir…

— Elle n'en saura rien, petite sotte! à moins que tu ne sois tentée de le lui dire.

— Non, mon oncle, si vous me le défendez, répond la maligne jeune fille en souriant, et suivant son oncle et Lelièvre à travers la foule, jusqu'à la table occupée par Belhumeur.

Le jeune soldat sourit à Nanette, presse la main à l'oncle, puis au cordonnier, fait asseoir tout le monde et verse à la ronde.

— Ce cher Belhumeur! qui se serait attendu à le trouver par ici! dit gaîment Badouret en levant le coude pour boire.

Puis, reposant son verre après avoir bu.

— Comme dit le proverbe : les montagnes se regardent, mais les hommes se rencontrent, ajouta-t-il.

— Ah çà, papa Lelièvre, la petite femme nous

a donc permis d'aller faire joujou sans elle, aujourd'hui ? s'informe Xavier.

Et le cordonnier, pour toute réponse, fait d'abord une légère grimace, et sourit après.

— Belle Nanette, daignez-vous accepter la main de votre serviteur, pour la première contredanse, avec la permission de la société.

— Certainement, monsieur Xavier.

— Eh ! c'est ce bon, cet excellent Badouret, Dieu me pardonne ! s'écrie un petit vieillard tout ricanant et frétillant, accompagné de deux autres personnages, en frappant sur l'épaule du perruquier.

— Tiens ! M. Patouchon l'épicier, comment que ça va, voisin ? fait Badouret après s'être retourné et avoir reconnu le petit vieillard.

— Pas mal, merci, cependant un peu fatigué d'avoir couru les champs avec les deux amis que j'ai l'avantage de vous présenter, voisin, celui-ci, Crochard, le serrurier de l'Arche-Marion, que vous devez connaître, et celui-là Suçotte Frenouillet, le marchand de sangsues des piliers des Halles; deux farceurs finis enfin, avec qui depuis ce matin je fais les cents coups, une ribotte complète, le tout en cachette de nos femmes qui nous croyent en campagne pour affaires sérieuses.

— Voisin Patouchon, vous êtes un profond scélérat! répond le perruquier.

—Ah çà, est-ce qu'il n'y a pas place pour nous à votre table, voisin; que vous nous laissez ainsi sur nos jambes? s'informe M. Crochard.

— Oui, certainement, assisez-vous, Mes-

sieurs, n'est-ce pas, Belhumeur? répond Badouret en se reculant et consultant Xavier.

— De la place, toujours, pour les bons enfans, fait Belhumeur en se rapprochant de
Nanette qui, seule, ne voit pas avec plaisir ce
surcroît de société.

Les trois nouveaux venus ont pris place, le
garçon apporte d'autres bouteilles, le vin coule
à flots et la conversation s'anime. Il est sept
heures, le temps est superbe, la chaleur
très forte et le soleil dore encore la cîme
des arbres, l'orchestre fait entendre le pré-
lude de la danse où se rendent Xavier et Nanette.

—Ah çà, belle amie, avant de rejoindre les
particuliers qui là-bas lèvent le coude en notre
absence, ne ferons-nous pas un petit tour de
promenade dans ces champs fleuris qu'on

aperçoit d'ici!... interroge Belhumeur, voyant la contredanse tirer à sa fin.

— Non, Xavier, car mon oncle serait inquiet, il se fâcherait peut-être en ne me voyant pas revenir.

— Belle tourterelle, vous faites erreur, car en ce moment, le verre en main et lancé dans la conversation, le brave Badouret, votre estimable oncle, ne pense nullement à vous.

— N'importe, Xavier, je ne veux pas abuser de la confiance que place en moi mon oncle, retournons près de lui.

— Chère amie, un tour, rien qu'un tour dans cette plaine dorée, et nous revenons à toute bride nous réfugier sous l'aile paternelle du cher oncle.

Cela disant, en se promenant, se redressant,

lissant sa moustache, Belhumeur entraînait la jeune fille vers une des portes du jardin qui donnait sur la campagne. Nanette hésitait encore, se faisait traîner et essayait de faire entendre à l'amant le langage de la froide raison, mais ce dernier ne tenant compte de rien, allait toujours et gagnait avec la gentille raisonneuse un petit sentier percé à travers un champ de blé.

— Xavier, avez-vous parlé à votre colonel, ainsi que nous en sommes convenus? demande Nanette, en marchant au bras du beau garde française.

— Oui, ma colombe.

— Et que vous a-t-il répondu?

— Qu'avant un mois, il me ferait caporal.

— Quel bonheur! alors, vous reviendrez à la maison et demanderez ma main à ma tante?

— Comme vous le dites, ma chérie, ce là aussitôt les deux sardines collées aux bras.

— Xavier, j'attends ce moment avec bien de l'impatience! dit naïvement la jeune fille, en penchant sa jolie tête sur le bras de Belhumeur qui profite de ce doux abandon pour prendre un baiser sur les lèvres de Nanette.

— Xavier, ne me pressez pas ainsi entre vos bras; retournons, mon ami; car nous nous sommes trop éloignés en causant.

— Nanette, donne-moi cette jolie rose qui orne ton corset, dit le militaire, dont le bras est passé autour de la taille de la lingère, et en portant la main vers la fleur qu'il désire et demande.

— Non, Monsieur, laissez-moi ma rose, elle est si fraîche et si belle ! répond Nanette en arrêtant la main téméraire prête à saisir la fleur précieuse.

— Si tu m'aimes, ma jolie fille, ne sois pas rebelle à mes désirs brûlans, accorde cette fleur à mon amour extrême ! reprend Xavier en entourant Nanette de ses bras, en la pressant avec force sur son sein.

— Xavier ! au nom du ciel, que faites-vous ? laissez-moi, n'abusez pas de ma faiblesse !

— Je t'aime, fille charmante, pour toujours, pour la vie, sois donc à moi en comblant tous mes vœux ! s'écrie Xavier en tombant aux genoux de la jeune fille qu'il entraîne dans sa chute et pour qui le blé renversé forme aussitôt un vert tapis.

— Laissez-moi! laissez-moi ! Monsieur, votre action est infâme! murmure la jeune fille dont les efforts sont comprimés par l'audacieux amant, et dont les beaux yeux versent un torrent de larmes.

On n'entend plus de paroles, mais des sanglots, de douloureux soupirs, suivis du bruit de nombreux baisers. Un instant après, la jeune fille, voyant à terre sa rose défleurie, pleure à chaudes larmes et accable son heureux vainqueur des plus amers reproches.

— Allons, allons, petite, ne te désoles pas ainsi, un bon mariage avant peu réparera tout le mal... Nanette, lève tes beaux yeux, enfant, regarde ton fidèle amant et lis dans ses yeux tout le bonheur que lui procure son charmant triomphe... Nanette, ne boude pas ainsi, sois raisonnable et puisque la chose est faite il faut t'en consoler.

En parlant ainsi, Xavier pressait la jeune fille sur son cœur, essuyait les larmes qui sillonnaient ses joues.

— Hélas! hélas! que dirait ma tante, si elle apprenait cela? hi! hi! hi! fait Nanette, que les pleurs suffoquent.

— Elle ne le saura pas, ma toute belle; partant de là, elle ne dira rien.

— Oh! ce n'est pas moi qui le lui dirai, bien sûr!

— Ni moi non plus, ma tourterelle.

— Car elle me chasserait, elle ne voudrait plus me voir : hi! hi! hi! hi!

Belhumeur, voyant les larmes couler de plus belle, se remet à la consoler, tâche importante, difficile, de laquelle il vient enfin à bout à force de promesses et de prières. Nanette commence donc à oser lever les yeux, à fixer son séducteur, dont l'amour a encore plus embelli les traits. Un instant après, et la jeune fille sourit au doux sourire de son amant, dont la bouche vient trouver la sienne.

— Ainsi, tout est pardonné, ma Nanette? murmure Xavier.

— Hélas! il le faut bien ; mais un autre jour, méchant, soyez plus sage.

— J'en fais serment, ma reine, mais encore un baiser, répond le militaire, à qui la jeune imprudente en donne deux ; cela fait que les têtes se montent de nouveau, et que Xavier oublie son serment, que... que... que... Encore un quart-d'heure, et Xavier, d'un air conquérant, aidait Nanette à se relever; Nanette, qui, souriante et le teint animé, quitte son lit d'épis, pour épousseter l'uniforme de son beau garde française, et en faire tomber la terre qui en souille la blancheur. Cela fait, la lingère passe d'elle-même son bras sous celui du jeune militaire, et tous deux, en riant et folâtrant, se dirigent vers les Porcherons, à travers le champ de blé, sans respect pour la défense et la propriété dont ils foulent aux pieds la récolte.

Xavier et Nanette, dont la crainte du garde-champêtre rend la course rapide, sont subitement arrêtés par une rencontre inattendue; rencontre qui n'est autre que celle de deux personnages couchés côte à côte dans les blés, et paisiblement endormis dans les bras l'un de l'autre, et dans lesquels personnages le garde-française et la lingère reconnaissent avec surprise monsieur Merlandin et madame Lelièvre, tous deux dans une position des plus décolletées. Le bruissement des tiges vient arracher subitement au sommeil les époux infidèles : Merlandin ouvre les yeux et pousse un ah! de surprise et d'effroi, et se relève vivement en apercevant les deux importuns. Madame Lelièvre, dont les paupières sont restées closes, et qui ne s'est pas encore aperçue de la surprise, sentant son amant quitter brusquement leur couche champêtre, fait entendre ces mots d'un ton mignard : — On ne veut donc plus de nanan, qu'on quitte déjà sa Ninie chérie? — Alors Belhumeur de donner cours à un long éclat de rire, et ce bruit de faire ouvrir les yeux à la dame, qui, apercevant le militaire et Nanette, se remet sur pied d'un bond. Grande confu-

sion de part et d'autre : Merlandin, qui, fort
embarrassé, s'efforce de boutonner du haut en
bas sa redingotte, tout en affectant un rire
bête qu'il voudrait rendre malin ; madame
Lelièvre, plus rouge qu'une cerise, honteuse
comme un renard pris au piège, de dépit se
mord les lèvres jusqu'au sang ; Nanette, non
moins contrariée de la rencontre, baisse les
yeux et tremble tout bas ; Xavier seul rit de
bon cœur, et dit en frappant amicalement sur
l'épaule du peintre :

— Pardon de vous avoir interrompu, l'ami...
Cependant, la cachette était bonne et propice
au nid d'amour, dit-il d'un ton railleur...

— Qu'est-ce à dire, un nid d'amour! pour
qui me prenez-vous, Monsieur? ne peut-on se
reposer un instant, après une longue promenade, sans pour cela exciter la médisance? fait

entendre madame Lelièvre d'un ton sec en s'adressant à Xavier.

— Sûrement, nous nous promenions, nous nous reposions, et voilà! fait à son tour Merlandin.

— Tout beau! mille bombes! ne nous fâchons pas, mes petits amours; liberté pleine et entière; fâché seulement de vous avoir dérangés, répond Belhumeur en portant la main à son chapeau.

— Au surplus, libre à nous de faire aussi des réflexions, en voyant la belle Nanette, surnommée dans le quartier la vertueuse lingère, se promener dans un champ de blé au bras d'un soldat aux gardes.

— Madame!! s'écrie Nanette en rougissant. Elle baisse la vue et laisse échapper une larme.

— Ah ça ! belle cordonnière, libre à vous d'assurer, avec Monsieur, le sort de votre respectable époux, mais défense, sous peine de correction, d'insulter la particulière dont le bras est passé sous celui de Xavier, répond Belhumeur, en caressant sa moustache.

— Oh ! ça m'est égal, vous ne m'empêcherez pas de faire mes petits commentaires et de dire qu'une jeune fille ne se promène pas ainsi, loin de sa famille, avec un beau jeune homme, sans qu'il y ait de l'amour sous jeu ; d'ailleurs, qui ne sait pas, Monsieur Belhumeur, que vous aimez Nanette et que Nanette vous rend la pareille ; au fait, quel mal y a-t-il à ça ? pas le moindre, puisque l'homme et la femme sont faits l'un pour l'autre, pour s'aimer et.....

— Se le prouver ! fait entendre Merlandin, en interrompant madame Lelièvre.

— Bien parlé, petite mère, or sus, allez en paix avec votre tourtereau, et surtout, motus sur notre mutuelle rencontre ou autrement, gare la bombe, mille dieux!

— Nous serons discrets, militaire, foi d'I-sidore Merlandin.

—Moi de même, car j'aime tant cette bonne Nanette que je serais désespérée de lui faire la moindre peine et de lâcher un seul mot qui portât atteinte à sa réputation, dit madame Lelièvre d'un ton tout-à-fait mielleux.

— Maintenant que nous nous entendons à ravir, quoi nous empêche de faire un tour tous les quatre ensemble, une petite partie carrée enfin? j'aurai du moins, militaire, là, celui de vous offrir un verre de vin au plus prochain cabaret, dit Merlandin d'un air jovial. En entendant cette proposition, Nanette de presser fortement le bras de Xavier qui, devinant les craintes de la jeune fille, refusa net l'invitation, sous le prétexte que l'heure avancée, les contraint de regagner au plutôt les Porcherons où les attendent nombreuse société, en plus, monsieur Badouret accompagné d'un nommé Lelièvre.

— Mon mari! fait la cordonnière en rougissant de nouveau.

— Bon averti en vaut deux, petite mère, à vous le soin d'éviter une nouvelle rencontre, plus embarrassante que la nôtre.

— Merci de l'avertissement; mais pour être sorti sans ma permission, monsieur Lelièvre aura à faire à moi! répond la cordonnière d'un ton ferme.

— Sûrement, c'est maladroit de sa part,

ce cher Lelièvre, car enfin, en venant se promener de ces côtés et en cachette de sa femme, il s'exposait à me rencontrer avec elle, dit Merlandin avec aplomb.

Encore quelques mots échangés et les deux couples se séparent; Merlandin et madame Lelièvre pour continuer leur promenade à travers champs; Xavier et Nanette pour regagner vivement les Porcherons où ils ont laissé l'oncle Badouret et sa société.

— Voilà qu'il fait nuit, Xavier, mon oncle va me gronder, dit Nanette.

— Pas de crainte, cher ange, Belhumeur répond de tout.

— Mon Dieu! quelle fâcheuse rencontre nous venons de faire, combien j'étais honteuse devant cette femme que je méprise et dois craindre maintenant. Ah ! Xavier, être forcé de rougir devant les gens que je mésestime est déjà pour moi la punition de ma faute.

— Au diable ! les regrets, les craintes puériles, ma colombe ! confiance dans ton amant, tes caresses, ton amour et tout ira bien ! cela disant, Xavier et la jeune fille atteignaient la guinguette, où, étant entrés, ils se dirigèrent aussitôt vers la table où ils avaient laissé deux heures avant le perruquier et ses amis, laquelle table ils retrouvent, mais déserte et à la grande surprise de Nanette.

— Mon oncle ! mon oncle ! Xavier, s'écrie la lingère avec inquiétude et effroi.

— Patience, ma toute belle, le particulier ne peut avoir eu l'impolitesse de décamper

sans nous, aussi, allons-nous le retrouver
dans ce jardin.

— Hélas! il se sera impatienté de m'attendre, et ne me voyant revenir, il s'est en allé!
mon Dieu! que va dire ma tante, et combien
je vais être grondée! Tout en disant ainsi, nos
deux amoureux parcouraient le jardin, inter-
rogeaient chaque table, chaque buveur du
regard, mais c'est en vain qu'ils cherchent,
M. Badouret n'apparaît point; c'est alors que
voyant augmenter l'inquiétude de Nanette qui
pleure et se désole, Belhumeur prend le parti
d'interroger le garçon cabaretier, qui sur la
demande de ce que sont devenus les gens qui
occupaient telle table, le militaire et la jeune
fille apprennent qu'après avoir vidé bon nom-
bre de bouteilles et la tête par trop échauffée,
le perruquier et ses amis s'étant pris de que-
relle, des explications ayant passé aux coups

de poings, le bruit avait attiré le guet qui sans façon avait amené toute la bande au violon.

— Mon oncle en prison! hélas! que va dire ma tante! hi! hi! hi!

— Allons, ma tourterelle, ne pleurnichons pas, la chose étant totalement inutile, vu que nous pouvons réclamer le perturbateur, et du violon le réintégrer aussitôt dans son domicile conjugal.

— Ah! c'est égal, Xavier, vous avez bien mal agi en m'emmenant loin de mon oncle, hi! hi! hi! car sans cela tout ce qui est arrivé ne serait pas arrivé, hi hi!

— La chose me semble très probable, ma chérie, mais ce qui est fait est fait et je suis le plus heureux des quidams de France et de

Navarre. Les choses s'étaient en effet passées
telles en l'absence des deux amans et ce fut
avec M. Suçotte Frenouillet, marchand de
sangsues et profond républicain, que l'oncle
Badouret avait commencé la dispute, lui,
ami de la monarchie et du Vive le Roi, quand
même. Or, le guet, qui déjà dans ce temps-
là empoignait le bon peuple au collet avec
autant de facilité que nos ex-gendarmes et
municipaux d'à présent, avait tranché tout
de suite la question politique, cause de tant
de bruit et d'horions, en arrachant les que-
relleurs à leurs libations pour les entraîner
au poste le plus voisin et les y consigner prisonnier. Comme il arrive presque toujours
qu'un malheur commun fasse oublier les ini-
mitiés, au risque de s'en ressouvenir après,
nos vieux tapageurs, plus d'à moitié ivres, fa-
tigués de se faire la moue et de se promener
isolément de long en large du corps-de-garde,

avaient fini par adopter la proposition soumise par l'épicier Patouchon, celle de faire une paix générale et venir du vin afin de régaler messieurs les soldats du guet chargés de veiller sur eux.

— Volontiers, car l'union fait la force, avait répondu le républicain Suçotte Frenouillet.

— Moi, j'y consens z'aussi à la condition que cet entêté de Lelièvre ne me soutiendra plus faussement que le traité de commerce qu'a signé notre bon roi Louis XVI avec l'Angleterre, fasse du tort à notre alliance avec les Etats-Unis, dit le perruquier.

— Ah! oui, les Etats-Unis, de fameux républicains! murmure de nouveau M. Suçotte Frenouillet.

— Mon cher, vous êtes fou avec votre république; vive le Roi!

— Vive la République!

—M. Suçotte ne m'échauffez pas les oreilles, reprend M. Badouret en essayant de prendre un air crâne et imposant.

— Et vous, perruquier, respectez les opinions.

Cette discussion fut interrompue par l'apparition d'un cabaretier chargé de deux paniers de vin commandés par les prisonniers, qui aussitôt firent sauter bouchons et bouteilles pour trinquer avec le guet.

Les choses allaient au mieux depuis une heure, la gaîté, la bombance étaient à leur apogée, lorsque la porte du corps-de-garde s'ouvrit pour donner passage à plusieurs soldats du guet, qui, de retour d'une ronde, amenaient deux nouveaux prisonniers, homme et femme. Cette dernière, honteuse, avait le visage caché dans son mouchoir.

— Qu'est-ce que ce gibier? caporal, s'informe le sergent en indiquant les nouveaux venus.

—Deux amoureux que le messier de la commune vient de surprendre dans les blés de la plaine où ils avaient construit leur nid, répond le caporal.

— Alors, l'amende et la prison, mes tendres délinquans ; mais procédons par ordre : Vos noms, mes amours? dit le sergent en se plaçant à une table et se disposant à écrire.

Le coupable baisse le nez et reste muet à

cette question, ce qui engage la dame à supplier le sergent de leur éviter le désagrément de se nommer en présence de tant de témoins, cela d'une voix émue et larmoyante, dont le son en venant frapper l'oreille de M. Lelièvre, placé non loin de là, lui fait soulever la tête et se rapprocher de la délinquante dans qui, à sa grande surprise, il reconnaît son épouse légitime.

— Mon mari ! fait la dame en se couvrant le visage de son mouchoir.

— Fichtre ! fait aussi Merlandin qui vient de reconnaître le cordonnier et dont les jambes, en ce moment, flagellent au point de le renverser s'il ne se retenait au dossier d'une chaise.

— Ah çà, monsieur Lelièvre, allez-vous demeurer encore long-temps dans cette stupide immobilité au lieu de me réclamer, de faire entendre au sergent que je suis une femme honnête, la vôtre enfin, et incapable de la faute dont on l'accuse, et que le messier en m'arrêtant a commis une horrible injustice ? Car enfin est-ce de ma faute si vous sachant à la guinguette, malgré la défense que je vous avais faite, il m'a fallu me mettre à votre recherche et, craintive de fâcheux accidens, accepter le bras de M. Merlandin que je venais de rencontrer et qui généreusement m'aidait dans les recherches que je faisais de votre personne?... Allons, parlez donc, Monsieur ! termine la jeune femme avec impatience en voyant son époux demeurer muet, occupé à se frotter le front d'un air bête et embarrassé.

— Est-il vrai que la délinquante soit votre femme ? demande le sergent.

— Ou… oui, ser… sergent, mon épouse légitime…

— Je vous en félicite.

— Mer... merci, militaire.

— Or, sergent, mon mari me réclame, vous l'entendez.

— Est - ce lui qui va payer l'amende à laquelle vous et votre complice êtes condamnés?

— Une amende ! quelle horreur, pour m'être avancée un instant dans un champ de blé afin d'y cueillir des bleuets et coquelicots, car ce n'était absolument que pour cela, je vous prie de le croire, monsieur Lelièvre, autrement vous auriez affaire à moi! dit la dame avec sévérité à son benin d'époux; puis reprenant et s'adressant au sergent : à combien s'élève donc cette amende? militaire.

—Onze livres six deniers pour le délit et

quinze livres pour l'exemption de trois jours de prison, total vingt-six livres six deniers.

— Quelle infamie! vingt-six livres six deniers pour avoir cueilli quelques fleurs des champs!.... Payez, monsieur Lelièvre, car enfin vous ne pouvez décemment rendre ce pauvre Merlandin, victime de mes sottises; allons, dépêchez-vous si vous voulez que j'oublie votre escapade de ce jour.

— Et moi, à la place de ce cher et trop confiant Lelièvre, je ne paierais pas et laisserais le galant de ma femme financer tout seul, car enfin il est trop cruel pour ce pauvre Lelièvre d'être tout à la fois cocu et battu! s'écrie M. Patouchon entièrement ivre, se soutenant à peine et retenant la main que le docile cordonnier portait déjà à son gousset.

— De quoi se mêle ce vieil ivrogne ? fait la dame en pâlissant de colère ; puis continuant : payez, Monsieur, payez !

— Ne paie pas, Lelièvre, ça serait trop bête de ta part, mon bonhomme.

— Sergent, rendez-moi le service d'imposer silence à cette ganache d'épicier.

— Ne paie pas, époux infortuné, et buvons, dit à son tour Crochard en présentant un verre de vin au cordonnier, duquel madame Lelièvre, dans sa colère, envoie le contenu d'un coup de main dans la face de Merlandin qui se tenait pâle et silencieux non loin de là.

En ce moment la porte du corps-de-garde s'ouvre de nouveau pour donner entrée à un jeune couple qui n'est autre que Xavier et Nanette, tous deux à la recherche de l'oncle

Badouret ; lequel en ce moment, affaissé par la boisson, ronfle sur le lit de camp. L'oncle Badouret que les deux amans viennent réclamer et qui d'abord restent muets de surprise en présence de madame Lelièvre, rouge et furieuse, qui se dispose à arracher les yeux à M. Patouchon, cela, au grand plaisir du guet et des témoins de la scène qui tous rient à gorge déployée. Belhumeur du premier regard a tout de suite reconnu un ancien camarade dans le sergent du poste. Aussi, fort de cette découverte, enlève-t-il de ses bras robustes dame Lelièvre, acharnée après l'épicier, dont la face porte déjà l'empreinte des ongles de la furie qui, se débarrassant de l'étreinte et se retournant vivement, applique un vigoureux soufflet sur la joue du garde-française croyant frapper sur un ennemi.

— Merci, petite mère, vous n'y allez pas de main morte.

— Ah ! c'est vous, beau garde, ma foi j'en suis fâchée, pourquoi aussi ne parlez-vous pas avant d'agir. Au surplus vous arrivez fort à propos pour me tirer d'ici et me protéger contre la calomnie. .

Belhumeur s'informe de ce dont il est question et, instruit de l'aventure, déclare la cordonnière digne en tout de la confiance, de l'estime de son époux, assurant l'avoir rencontrée seule, cherchant son mari dans toutes les guinguettes du quartier et d'avoir lui-même engagé Merlandin, avec qui lui, Belhumeur, se promenait et buvait, à servir de cavalier à la dame durant ses nombreuses recherches, et de plus offre de se mesurer avec quiconque osera douter encore après sa déposition de la vertu de la dame. Ces derniers mots produisent un magique effet, en ce que MM. Crochard, Patouchon et Suçotte Frenouillet peu soucieux d'affaires d'honneur se retirent à l'écart afin de laisser ce dernier causer à voix basse avec le sergent.

— Mon oncle, éveillez-vous, il est tard et ma tante va nous gronder ! s'efforçait, durant cette dernière scène, de répéter Nanette en agitant le perruquier par le bras.

— De quoi ! une barbe, un œil de poudre ? voilà ! voilà ! s'écrie Badouret en se mettant sur son séant.

— Et non, mon oncle, c'est moi qui vous engage à retourner vite à la maison où ma tante nous attend.

— Ah ! oui, ta tante, ma femme, c'est juste elle m'a recommandé de veiller sur toi, Nanette, et j'y veille. Voyons que veux-tu, petite, à boire ?

— Non, mon oncle, mais regagner Paris.

— Allons, l'affaire est arrangée, debout mes pékins et filez au plus vite ! s'écrie Xavier après sa conférence avec le sergent, en s'adressant à Badouret, Patouchon et compagnie.

— Quant à vous, père Lelièvre, vous êtes, n'est-ce pas, convaincu de l'innocence de votre moitié ? reprend le militaire en frappant sur l'épaule de ce dernier qui le fixe d'un œil hagard et ne répond mot.

— Oui certainement, qu'il en est convaincu, je voudrais bien voir qu'il en fût autrement, fait entendre avec aplomb madame Lelièvre.

— Alors, il ne reste plus qu'à financer l'amende avant de décamper et ce soin regarde ce cher Merlandin qui va s'exécuter à l'instant même, dit Xavier en frappant sur le gousset de l'amoureux.

— Payer, pas possible, absence totale de monnaie, répond Merlandin en s'efforçant de sourire.

— Vu l'impossibilité, à vous, cordonnier, le droit de racheter votre épouse, ainsi en avant les quatre écus de six livres.

Lelièvre n'a pas sur lui la somme nécessaire, comment faire alors ? laisser un nantissement, c'est ce que s'empresse de faire la cordonnière en détachant ses boucles d'oreilles et les remettant au sergent, non sans gronder et menacer son mari du geste et de l'œil. Quelques minutes encore et tous nos gens regagnaient la ville en liberté ; Merlandin seul et en jouant vivement des jambes, afin de se soustraire aux explications, à la présence de Lelièvre dans les yeux duquel il crut remarquer une expression menaçante à son égard. Xavier et Nanette, tenant chacun sous leurs bras celui du perruquier,

aidaient et soutenaient ainsi la marche chance-
lante de ce dernier, et madame Lelièvre, marchant près de son époux silencieux, engageait
avec humeur le cordonnier à prendre garde de
l'éclabousser. Quant à M. Patouchon et compagnie ils avaient pris les devants et cheminaient
en riant et chantant, l'un soutenant l'autre.
Ils ont atteint les quais, là, dix heures se font
entendre au couvent Saint-Jacques de la Bou-
cherie, alors Xavier prend vivement congé de
Nanette et après avoir fait entendre les mots :
à demain, il se dirige vivement vers sa caserne
où, en retard d'une demi-heure, l'attend sans
doute à sa rentrée la salle de police.

— Mais, mon oncle, tenez-vous donc,
vous allez tout de travers..... Ah! que va
dire ma tante, en vous voyant en cet état?
disait Nanette restée seule avec le perruquier.

— Dame! petite, elle dira que le vin était bon et que j'en ai trop pris, et puis comme dit le proverbe : sous un vilain manteau il y a souvent un bon buveur; le vin versé demande à être bu, la... la...

— Mon Dieu! voici ma tante qui nous a aperçus et vient à nous, s'écrie Nanette.

— Calme-moi, petite, calme-moi et elle ne se doutera de rien.

— Belle heure et bel état, ma foi! s'écrie madame Badouret en colère, et en examinant son mari.

— Ma tante, ce n'est pas ma faute! répond Nanette en tremblant.

— Je m'en doute, mon enfant, aussi je n'accuse que ma faiblesse de t'avoir confiée imprudemment à ce vieil ivrogne dont je devais me méfier!

—De l'abondance du cœur, la bouche parle: qui veut battre son chien, trouve assez de bâtons! murmure le perruquier.

—Allez au diable avec vos proverbes, ivrogne, fait de nouveau la dame en poussant son époux dans la boutique qu'elle referme aussitôt. Alors, force questions de la part de la tante à la nièce sur cette longue absence, et Nanette, en taisant la présence de Belhumeur, mettait tout sur le compte de l'épicier Patouchon et compagnie. Alors violens reproches de la dame à son époux, qui riposte par des proverbes, puis le souper. Après quoi Nanette monte dans sa chambrette, où elle se met au lit, non pour dormir, mais pour penser à Xavier, à sa faute, et pour pleurer.

Avant de terminer ce chapitre, rendons compte du retour au logis du couple Lelièvre, et voyons la perfide moitié du cordonnier, à peine rentrée chez elle, se redresser de toute sa grandeur, prendre son air altier et apostropher son époux en termes injurieux pour lui reprocher d'être sorti sans sa permission.

Lelièvre, selon son habitude, écoute en silence et les yeux baissés, et lorsque la dame lasse de querelles et reproches se tait, il se dispose à se mettre au lit. Voyons encore le mari tirer de sa poche un long tire-pied, prendre sa moitié par le bras et lui appliquer une rude correction qui, malgré les cris de la malheureuse, ne cesse qu'avec les forces du mari.

La pauvre femme, à cent lieues de s'attendre à cet acte énergique de la part de son époux, ne sait à quel saint se vouer, tant la surprise, l'indignation paralysent son esprit et ses sens.

— Et voilà! fait Lelièvre avec sang-froid, en jetant au loin le tire-pied.

— Ainsi, tels sont les sentimens que vous inspirent l'excès de la boisson? misérable! ceux d'assassiner votre femme? fait enfin la pauvre femme.

— Non, pas la boisson, mais les avis de bons camarades qui ne veulent pas qu'une femme mariée, la mienne enfin, aille fouler les blés avec un amoureux, répond le cordonnier.

— Vous êtes un misérable dont je vais me séparer à l'instant même.

— Vous resterez ici tant qu'il me plaira de vous y garder.

— Vous, me retenir ! monstre !

— Silence ! ou je retape !

— Je veux être la maîtresse de mes actions !

— Silence ! vous dis-je.

— Ah ! vous croyez m'en imposer ! m'empêcher d'être la maîtresse ici !

— Silence, ou je retape ! cela disant, Lelièvre se disposait à recommencer la correction, ce que voyant, la dame se tut et se jeta sur une chaise où elle passa la nuit à sangloter.

CHAPITRE IV.

AMOUR ET MÉSAVENTURE DE RIFOLET.

— Réponds, Toinon, cabaretière de mon
cœur, depuis trois grands mois que je soupire pour tes charmes, consens-tu enfin à devenir mon épouse, à partager mes six cents
francs d'appointement, fortune rondelette que

j'emploierai à te parer de bijoux et de dentelles, dis, Toinon, te lasses-tu de me faire passer ma vie dans cette cantine, au milieu des soldats goguenards et brutaux, à t'admirer et soupirer pour le roi de Prusse?

Ainsi parlait Rifolet, un matin, la tête montée par les avis de Belhumeur à qui il venait de payer le vin blanc, cela, en s'adressant à mademoiselle Toinon Chacal, dont il était devenu passionnément amoureux et pour qui l'employé aux gabelles négligeait jusqu'aux devoirs de sa place.

— Dame! je veux bien tout de même être votre femme, vous me faites l'effet d'être un bon enfant, qui m'aimerez ben toujours!

— Oh! jusqu'au tombeau, ma Toinon chérie.

— Eh ben! parlez à ma mère, demandez-lui ma main, aussi ben, elle vous estime beaucoup et dit sans cesse que vous êtes une de ses meilleures pratiques quoique Pékin.

— Je crois bien, Toinon, à force d'être planté ici du matin jusqu'au soir, et de payer vin et eau-de-vie au régiment, en trois mois, j'ai dépensé rien qu'en liquide les deux tiers de mes appointemens de l'année.

— Pauvre garçon! en v'là une preuve d'amour, aussi, mon petit Rifolet, vous n'avez point affaire à une ingrate et je vous aime tout plein.

— Bonheur! délices! chère Toinon, s'écrie Rifolet au comble de la joie et profitant de la solitude qui règne dans la salle de la cantine pour prendre un baiser sur les joues fraîches et rebondies de Toinon.

—Ainsi donc, vous allez parler à ma mère?

— Aujourd'hui même.

— Ah ! pourvu qu'elle vous accepte, car elle est si cocasse, mère Chacal.

— Toinon, je suis un assez bon parti pour ne pas craindre un refus; je suis jeune, alerte, je jouis d'un brillant emploi et j'ai devant moi un avancement certain. De plus, je possède un mobilier somptueux, couchette de bois, paillasse, deux matelas, commode en marqueterie, quatre chaises, un miroir, un pot à eau, le tout en bon état et ne devant rien à personne.

— Oui, c'est du luxe et fort tentant, et moi j'ai une dot de douze cents livres, une chaîne et des boucles d'oreilles en or, le tout, ce me semble, ne fera pas mal dans le tiroir de votre commode, n'est-ce pas, Rifolet?

— Le plus beau trésor, le plus beau bijou

qui parera ma chambrette, c'est vous, Toinon, vous seule dont j'ambitionne la possession.

— V'là qu'est gentiment dit, aussi, que mère Chacal ne s'avise pas de vous congédier, Rifolet, ou je fais quelque bêtise, ben sûr !

— Quoi encore, et toujours ensemble, mes petits tourtereaux? fait entendre Xavier en petite tenue et entrant dans la cantine.

—Belhumeur, vivat! mon garçon, Toinon m'aime, me permet de demander sa main.

— Alors, en avant la demande, justement maman Chacal, que je viens de quitter à la cuisine, en train de faire sauter un lapin à la casserolle, me paraît être ce jour de fringante humeur; saisissons l'occasion.

— Diable ! si tôt, Belhumenr, répond Rifolet avec embarras.

— Quoi, tu recules, clampin, et devant
ton amoureuse encore ?

— Dame ! c'est que cette mère Chacal vous
a un air si rébarbatif, que rien d'y penser, je sens déjà la chair de poule.

— Mille bombes ! rentre ta peur au
fond du ventre, capon ! et suis-moi à l'instant.

— Allez donc, Rifolet, ma mère ne vous
mangera pas, fait Toinon en riant, et poussant
l'amoureux qui, s'armant de courage, suit
Belhumeur jusqu'à la cuisine, où ils trouvent
madame Chacal à ses fourneaux.

—Quoique vous voulez, vous autres? vous savez
ben que je n'aime pas que le public entre ici ;

ça me gêne dans mes fonctions, dit la cantinière, grosse maman aux membres masculins, et dont une forte paire de moustache termine un nez barbouillé de tabac.

— Pardon, excuse, reine des cantinières ; mais nous venons près de vous parler d'affaires... Avance donc, Pékin, à quoi bon te cacher derrière moi, quand tu es le plus intéressé à la chose, termine Xavier en découvrant Rifolet, et le poussant en avant.

— Des affaires, ce n'est pas l'heure, j'suis dans mon coup de feu ; ainsi, bernique !

— La chose presse, madame Chacal, ensuite, nous serons court.

— Eh ben ! dépêchons, de quoi s'agit-il ?

— De faire deux heureux, en donnant votre fille Toinon, en mariage, à ce grand et bon garçon, dit Belhumeur, en indiquant Rifolet.

— Plus souvent! je ne veux pas d'un Pékin pour mon gendre, répond la dame, en faisant sauter un lapin dans la casserolle.

— Mère Chacal, pas de bêtises, le quidam, à présent, a une bonne place, de la vigueur et beaucoup d'amour; voilà, j'espère, des avantages ou je ne m'y connais pas.

— Oui, sais ben que c'est un bon garçon, dont j'ai depuis long-temps deviné les intentions, et que j'aurais congédié de la cantine, oùs qu'il ne vient que pour en conter à Toinon; mais c'est une bonne pratique, et je l'ai enduré, tout en ayant soin d'avoir l'œil sur lui.

— Allons, parle, Rifolet, tâche de décider maman Chacal.

— Pas la peine, garçon ! car tant que tu seras bourgeois, Toinon te passera devant le nez. Vois-tu, petit, j'ai amassé ma petite fortune avec le militaire, or, il est juste que la dot que je donne à Toinon, retourne dans la poche d'un de ceux qui me l'ont fait gagner. Ensuite, mon homme, feu Criquet Chacal était soldat; enfant de régiment moi-même, je suis née sur un champ de bataille, où l'affut d'un canon m'a servi de berceau, je tiens donc à l'état, et ne veux pas que la famille y déroge.

— Or donc, Pékin, je ne vois qu'une manière d'arranger la chose, c'est de te faire soldat, dit Xavier, en frappant sur l'épaule de Rifolet.

— Merci ! pas de vocation, répond ce dernier.

— Allons, garçon, file ton nœud, et renfonce ton amour ; car tu n'auras pas ma fille.

— Ce que vous faites-là, mère Chacal, est une affreuse boulette, songez donc qu'un soldat est incapable de nourrir votre fille, et que moi, grâce à mon emploi, à mes six cents francs d'appointemens, je peux déverser sur elle toutes les jouissances d'un luxe effréné, dit enfin Rifolet qui, avec regret et douleur, voit sa septième passion prête de lui échapper.

— Toinon a douze cents francs de dot, de la jeunesse, du courage, en v'là j'espère assez, pour rendre heureux le soldat qui sera le mari de ma fille.

— Ainsi, tel est votre dernier mot ? cruelle cantinière, demande Belhumeur.

— Foi de femme Gertrude Chacal, il n'y a pas à en revenir.

— Et toi, Rifolet, tu ne te sens pas capable de te faire soldat par amour ?

— Impossible ! et la gabelle donc, que ferait-elle sans moi.

— Amen ! la chose est jugée, mère Chacal, sans rancune, répond Belhumeur.

Cela dit, le soldat aux gardes emmène Rifolet, Rifolet dont la mine a une aune de long, Rifolet qui jure, tempête, et dans cet état, se présente à Toinon qui, impatiente de connaître les résultats de la démarche, attendait le retour des deux amis, dans la salle de la cantine.

— Inutile de se désespérer ainsi, enfant: si l'ordonnance ou plutôt la boulette du Roi

Louis XVI ne condamnait un pauvre militaire
à végéter toute sa vie, j'engagerais fort l'ami
Rifolet à se faire soldat, pour devenir un jour
capitaine. Mais, au point où en sont les choses, cent fois mieux vaut le métier de gabeloux,
et je me garderai fort d'en priver Rifolet, fait
entendre Xavier, en voyant les deux amans se
lamenter.

— Ainsi, plus d'espérance ! soupire Toinon
en essuyant ses larmes avec un coin de son tablier.

— Toujours, si tu consens, petite, à recevoir ce soir ton amant dans ta chambrette, en
l'y introduisant par la fenêtre de ta chambre, qui par son peu d'élévation sera facile
d'atteindre et d'escalader , propose Belhumeur.

— Par exemple ! et si ma tante venait à l'y

surprendre, ça ferait du beau bruit, répond Toinon, effarouchée par la proposition.

— C'est justement ce qui arrivera, car j'aurai soin d'en prévenir la maman Chacal, laquelle, afin de réparer l'honneur de sa fille, ne pourra faire autrement que de consentir au conjuncto.

— Fichtre! voilà qui est bien raisonné, quoique l'expédient soit hardi et dangereux, dit Rifolet.

— Ah çà, cascaret, ne vas-tu pas encore reculer lorsqu'il s'agit de te trouver, la nuit, en tête-à-tête avec une jolie fille?

— Non, militaire, mais la maman Chacal ne me fait pas l'effet d'être du tout facile.

— Je conviens qu'il y aura quelques taloches à recevoir; mais, l'orage passé, viendront la noce et les violons..... Qu'en dis-tu, Toinon?

— Recevoir la nuit un jeune homme dans ma chambre, oh! je n'oserai, répond Toinon.

— Ose ou n'ose pas, que nous importe, petite, pourvu que tu ouvres ta fenêtre lorsque ce soir, à minuit, ton amoureux viendra y frapper.

— Dame! si j'ai trop peur, je vous préviens que je n'ouvrirai pas!

— Si tu as peur, raison de plus pour ouvrir, en ce que, lorsqu'on est deux, on est plus rassuré.

— L'ami Belhumeur parle juste, dit Rifolet, à ce soir donc, Toinon; car, pour mon compte, l'amour m'encourage à braver les coups de bâton de la maman Chacal.

Cela dit, Rifolet et Belhumeur entendant les pas de la cantinière, et craignant une surprise, s'éloignent au plus vite en répétant : à ce soir! à ce soir! Toinon ne répond que par un geste incertain.

C'est dans une rue étroite, déserte et bourbeuse, que Xavier conduit Rifolet. C'est dans cette rue qu'il lui indique une croisée, située au premier étage d'une maison, dont le rez-de-chaussée est surmonté d'une large corniche servant de balcon aux fenêtres du premier.

— Tu vois, l'ami ; ton pied là , d'abord, puis ensuite l'autre dans cette crevasse , puis après, sur cette barre de fer, et tu atteins la corniche et la croisée de ta belle ; tu frapperas doucement aux carreaux, Toinon t'ouvrira, et le reste te regarde. Surtout, sois audacieux, impitoyable aux prières et aux lamentations , et tu seras heureux. Pendant ce temps, j'irai moi-même frapper à la porte de la maman Chacal, dont la chambre est séparée de celle de Toinon par deux vastes pièces, je lui ferai entendre qu'un homme vient de pénétrer par la fenê-tre, chez sa fille; là-dessus, la dame se jetera au bas du lit et viendra vous surprendre ; mais il sera trop tard pour empêcher que le mariage ne soit nécessaire.

— Bien ! très bien ! fort bien, je veux me surpasser, emporter fillette et maman d'assaut, enfin être un fiéfait scélérat ; grâce à vos conseils, cher ami, je vous suis redevable d'être depuis trois mois un effronté séducteur, répond Rifolet en se frottant les mains de joie.

Les amis se séparent après un long entre-tien encore passé au cabaret voisin; puis la journée s'écoule, mais pas encore assez vite au gré de l'impatient Rifolet.

Le soir arrive, minuit enfin! heure du berger et des amours, heure chérie. L'amant de Toinon, après avoir corroboré son courage de plusieurs petits verres, se dirige vers la rue qu'habite sa belle. Voilà la maison, la fenêtre, la rue est déserte : Rifolet n'hésiste pas, quoique son cœur batte à tout outrance. Quelques efforts et meurtrissures, n'importe, Rifolet a atteint le but et à travers les vîtres jette un regard dans la chambre où il n'aperçoit rien, grâce à l'obscurité qui y règne. Mais est-ce bien cette croisée? car elles se ressemblent toutes.

Et sans se rendre bon compte, notre amoureux frappe aux carreaux.

Un instant d'attente, et une femme en chemise vient ouvrir la fenêtre et se sauve ensuite avec vitesse dans le fond de la chambre, où

Rifolet ne tarde pas à s'introduire et à refer-
mer la croisée.

— Cher ami, je ne t'attendais que demain,
comme nous en étions convenus... Prends garde
de faire du bruit, et d'éveiller ma cousine qui
dort dans la chambre voisine, fait entendre une petite voix que Rifolet entend et
comprend à peine, tant il est troublé et
agité.

— Et bien ! qu'attends-tu pour venir m'embrasser, reprend la voix.

— L'embrasser ! oh bonheur ! fait notre
amoureux en se dirigeant vers un lit qu'il
aperçoit dans l'obscurité. Et là, deux bras
potelés l'enlacent avec amour, une bouche
comprime la sienne, et Rifolet en perdant
la tête, se rappelle et met en profit les conseils de Belhumeur.

Durant cette dernière scène, un homme s'avançait silencieusement dans la rue, et après s'être arrêté devant la même maison, cet inconnu sans hésiter s'empresse de prendre le même chemin que Rifolet, c'est-à-dire de grimper et s'élever jusqu'aux fenêtres du premier étage et de frapper de même doucement sur la vitre de la croisée voisine de celle qui s'est ouverte pour Rifolet. Encore une femme qui vient ouvrir, mais celle-là est habillée, et loin de fuir, elle aide le galant à pénétrer dans la chambre.

— Vous ne m'attendiez pas si tôt, reine de mon cœur, dit l'inconnu à voix basse.

— Si, mon ami, car il est minuit et demi.

— D'accord, mais nous étions convenus que ça serait pour demain, et mon impatience, mon amour, n'ont pu se résoudre à rester loin de vous tout ce temps.

— Vous vous trompez, la chose était convenu pour ce soir, je m'en rappelle bien.

— Enfin n'importe! ma dulcinée, si mon empressement me vaut une récompense.

Cela disant, notre inconnu entourait Toinon, car c'était elle, et ses bras amoureux essayaient de quelques tendres privautés.

— Voyons, Rifolet, finissez, soyez sage.

— Rifolet! mais, belle Lelièvre, vous faites erreur, en me citant un rival odieux; c'est Merlandin, votre humble adorateur, Merlandin qui vous presse en ce moment, à qui, ce matin, en vous échappant de la demeure de votre barbare époux, vous avez donné l'adresse d'une cousine chez qui vous deviez vous réfugier.

— Ah ben! en v'là une belle, que vous m'apprenez là, il y a erreur de votre part, mon cher, et c'est chez la voisine qu'il faut vous en retourner et plus vîte que çà.

— Comment, ce n'est pas mon amante que je serre en ce moment sur mon cœur?

— Et non, j' vous dis, mais ben Toinon Chacal, l'amoureuse de Rifolet, l'employé aux gabelles; ainsi donc, lâchez-moi et bonsoir.

— Partir, pas si bête, car en faveur de ton amour, belle Toinon, l'heureux Merlandin, la coqueluche du beau sexe, renonce pour la vie à celui de dame Lelièvre, répond le pein-tre en essayant de violenter Toinon qui, le re-poussant durement, l'envoie rouler au loin sur une table couverte de verrerie, laquelle se renverse avec fracas en entraînant Merlandin dans sa chute.

Ici, la scène change, une porte s'ouvre, et madame Chacal, une lumière d'une main, un bâton de l'autre, apparaît soudain pour fondre sur Merlandin, qu'elle assomme de coups sans pitié pour ses cris.

— Ah! chien, tu viendras caresser et déshonorer ma fille! tiens! tiens, gredin, en voilà de l'amourette.

Et Merlandin désespéré, la tête perdue, se précipite vers la fenêtre, et d'un bond tombe sur le pavé où il se donne une forte entorse qui le contraint à demeurer sur place, rompu, moulu et sanglant. Maintenant, retournons chez la voisine, puis sachons ce qui s'y passait.

— Ainsi, Monsieur, je suis la victime d'un quiproquo.

— Écoutez donc, il fallait m'avertir que vous n'étiez pas celle qui m'attendait, alors mes affaires ne seraient pas gâtées ainsi que je crains qu'elles le soient.

— Comment, vous vous levez, vous allez me quitter aussi malhonnêtement après ce qui vient de se passer !

— J'en suis désespéré, mais Toinon m'attend.

— Vous êtes un polisson ! on ne se conduit pas ainsi après avoir trompé une pauvre femme.

— J'en suis fâché, mais Merlandin vous consolera.

— Rifolet, je vais vous arracher les yeux !

— Je ne puis rien entendre; Toinon m'attend, vous dis-je.

— Monstre! mais je suis ta victime, et désormais ton amante.

— Merci! je ne veux pas empiéter sur les priviléges de votre Merlandin.

En écoutant et répondant, Rifolet se rajustait à la hâte, et, prêt à partir, essayait à se débarrasser des étreintes de la cordonnière qui venait de le saisir par le bras, lorsqu'un coup violent enfonce la porte de la chambre. Elle tombe avec fracas, et le cordonnier Lelièvre, armé de son terrible tire-pied et d'une lanterne allumée, se montre, le regard terrible et menaçant. Alors Rifolet tremble comme la feuille à cette apparition inattendue, et pousse des cris déchirants en sentant tomber sur ses reins les coups redoublés du tire-pied; mais, plus adroit que Merlandin dans pareille circonstance, Merlandin, qu'au même instant la mère Chacal assommait de coups dans une pièce voisine; Rifolet fuit autour de la chambre, gagne le lit, saisit une couverture, la jette sur le cordonnier, qu'il enveloppe et paralyse, et sur qui, en sus, il renverse matelas et meubles; cela fait, et gagnant la fenêtre, il saute sur le pavé, et tombe au côté de Merlandin, qui l'avait précédé d'une seconde dans cette fuite aérienne.

CHAPITRE V.

LA PROTECTRICE ET LE PROTECTEUR.

Il était six heures du matin, lorsqu'une
jeune et jolie fille, dont les traits. pâles et al-
térés annonçaient le chagrin, se promenait de
long en large non loin de la caserne du régiment des gardes-françaises; le regard sans

cesse fixé sur la porte, afin d'observer chaque militaire qui rentrait ou sortait. Après deux heures d'attente, Nanette, car c'était elle, lasse et impatiente, se dirige en soupirant vers la sentinelle en faction, qu'elle aborde en tremblant et les yeux baissés.

— Monsieur, dit-elle, ne pourrais-je parler à M. Xavier ?

— Facile, ma belle enfant, en le faisant demander, vu qu'une consigne injuste et brutale bannit le beau sexe de la caserne, répond le factionnaire en souriant et fixant sur la lingère un regard de convoitise.

— Le faire demander !... mais par qui ?... s'informe Nanette.

— Par moi, la cantinière du quartier, ma petite, si vous voulez bien permettre à Toinon de vous rendre ce service, lui dit une grosse boulotte, qui, plantée les bras croisés sur la porte de la caserne, avait entendu la demande de Nanette.

— Volontiers, Mademoiselle, vous m'obligerez infiniment.

— Alors, attendez un instant, et je vous amène votre homme.

Cela dit, Toinon prend sa course et disparaît. Nanette, afin de se soustraire aux regards curieux de plusieurs soldats, qui, à la vue d'une jolie fille, à l'enquête d'un de leurs camarades, s'amassent autour d'elle; Nanette, sur les joues de qui l'incarnat a remplacé la couleur du lys, se hâte de s'éloigner pour aller se placer à quelque distance. Après cinq minutes d'attente, Xavier Belhumeur paraît et accourt près de la jeune fille, dont il s'empare du bras.

— Toi, à cette heure, Nanette! quoi t'amène, enfant, d'aussi grand matin et te fait désirer à ce point ma présence? s'informe Xavier avec douceur et bonté.

— L'inquiétude, Xavier, le désir impatient de connaître la réponse de ton colonel, à qui hier tu devais demander ce grade qui t'est promis, ce grade qui fera consentir ma tante à notre mariage.

— Eh bien! ma belle, tout va bien; mon colonel m'a reçu hier soir chez lui, en ami, en frère; j'ose dire enfin que j'en étais tout bête et confus...

— Très-bien! mais sa réponse...

— Est qu'il me faut encore attendre une

quinzaine de jours, en ce que le caporal, que je dois remplacer, ne quittera le régiment qu'à cette époque. Ce bon colonel, il me contait cela avec une bonhomie ! une franchise ! puis en me versant coup sur coup un polisson de vin qui était drôlement chenu !

— Quinze jours, mon Dieu ! hélas ! pourrai-je encore cacher tout ce temps à ma tante mon affreuse position, et me faudra-t-il éprouver la honte de l'avouer avant que je ne sois ta femme ? Xavier, répond Nanette, les larmes aux yeux et d'une voix altérée par la douleur.

—Allons, patience, ma colombe, une quinzaine est bientôt passée, dit le militaire avec insouciance.

— Xavier, mais tu oublies donc que depuis six mois bientôt, je porte dans mon sein le fruit de ma faute? que dans trois, je serai mère, avant d'être épouse peut-être.

— Patience, patience encore et tout ira bien.

— Patience, lorsque je souffre, lorsque chaque regard que ma tante fixe sur moi, me remplit de honte et d'effroi.

— Enfantillage, ma colombe, il eut mieux fallu cent fois avouer depuis long-temps la brioche à maman Badouret, qui d'abord aurait fait les hauts cris, puis ensuite pardonné et choyé sa chère nièce dont elle aurait fait de suite la femme de Xavier Belhumeur.

— Oui, je le pense, car l'honneur de sa nièce est tout pour elle, mais je n'ai osé, répond Nanette tristement.

— D'accord, mais comme il est toujours

temps de réparer une sottise, allons de ce pas trouver la respectable tante et lâchons-lui la bordée, afin qu'elle nous mène chez le curé et m'accorde mes grandes entrées chez toi, ma mignonne.

— Ton colonel, Xavier, t'accorde-t-il la permission de te marier tout de suite?

— Demain s'il était possible, vu l'urgence et ta réputation, telles sont ses paroles; or, en route chez la respectable tante! termine Belhumeur en entraînant Nanette.

— Non, non, pas encore, car je ne me sens pas la force de faire moi-même l'aveu de mon crime, répond Nanette en ralentissant le pas.

— C'est moi qui s'en charge, ma toute belle.

— Non, Xavier, non, mais je connais une grande dame qui m'aime, c'est près d'elle que je vais courir implorer secours et protection en la priant d'aller trouver ma tante et de l'instruire de ma grossesse.

— Le nom de cette femme ?...

— Madame la marquise de Chamalais.

— Superbe ! en ce que son époux est l'ami intime de mon colonel, et qu'à la recommandation de la marquise les grades se feront moins attendre.

— Je lui en parlerai, Xavier ; maintenant, conduis-moi jusque chez elle.

Belhumeur consent, lui et Nanette doublent le pas et atteignent bientôt le noble faubourg, puis l'hôtel de Chamalais ; mais, ne voilà-t-il pas qu'à la porte de la somptueuse demeure, le courage faillit chez Nanette, elle n'ose pas entrer et l'émotion, en lui brisant les jambes, la contraint de s'appuyer fortement sur le bras de Xavier; alors force raisonnemens de la part du jeune homme afin de ranimer la résolution de Nanette; puis celle-ci prenant son courage à deux mains, quitte brusquement Xavier et se précipite dans l'hôtel dont elle franchit la cour et la montée. La lingère traverse d'un pas rapide une longue enfilade d'appartemens, une camériste l'introduit près de la marquise assise à une croisée et occupée par un ouvrage de broderie. Seule avec la grande dame, Nanette, les larmes aux yeux, se précipite à ses genoux en s'écriant :

— Secours et pitié, Madame!

— Mon Dieu! qu'avez-vous? qu'est-il arrivé? mon enfant, dit la marquise effrayée, en s'empressant de relever la pauvre fille.

—Ah! Madame, oserai-je jamais vous faire un tel aveu!

—Allons, du courage, mon enfant, ne s uis je pas votre amie?...

—Grâce! Madame, et n'accablez pas de votre mépris, la malheureuse qui s'est rendue indigne de votre estime, de vos bontés.

—C'est douter de la sincérité de l'une ou de l'autre, Nanette, que d'hésiter autant à m'ouvrir votre cœur.

— Madame, je vais être mère et ne suis point épouse! s'écria la jeune fille en retombant à genoux et cachant son visage dans ses mains.

— Imprudente! et quel est l'auteur de cette faute?...

— Celui que j'aime malgré son crime; Xavier, soldat aux gardes françaises que ma bonne tante avait éloigné de chez nous par prudence et dont mon cœur s'est rapproché malgré moi.

— Pauvre petite! je t'absous en faveur de ton repentir, de ton désespoir!.... Parle, Nanette, qu'exiges-tu de moi, parle sans crainte.

— Ah! que vous êtes indulgente et bonne, Madame; hélas! je souhaite du plus profond de mon cœur, que ce soit votre bouche, qui pour une pauvre fille aille demander grâce et pitié à celle qui éleva son enfance et lui tint lieu de mère; je désire que ce soit vous qui révéliez ma faute et obteniez de ma tante la permission d'épouser le père de mon enfant, dit Nanette le front courbé à travers les sanglots et les soupirs.

— Je le ferai, Nanette, aujourd'hui même; mais pourquoi ne point avoir avoué avant la faute cette inclination à votre tante, et demandé la permission d'épouser celui que vous aimez?

— Xavier a fait la demande de ma main, Madame, mais il n'est qu'un simple soldat et ma tante exige avant de nous marier, qu'il soit caporal ou sergent.

— Ce jeune homme est-il de bonne mine, a-t-il quelque instruction?

— Xavier est beau, il est spirituel, Madame.

— Allons, j'engagerai le marquis mon époux,

à parler en sa faveur au colonel de son régiment.

— Ah! Madame , que de reconnaissance ne
vous devrai-je pas.

La marquise, après avoir essuyé les pleurs
de Nanette, agite une sonnette et donne l'ordre
d'atteler les chevaux à sa voiture. Un quart
d'heure écoulé et la bienfaisante dame, après
avoir fait asseoir dans le riche carrosse, sa protégée à son côté , roulait vers le quai de la Ferraille pour aller s'arrêter à la porte de la boutique du perruquier Badouret.

— Femme! madame Badouret! vite un
coup de torchon, enlevez les plats, les linges à
barbe, voici la voiture d'un riche seigneur qui
vient se faire coiffer.

— Qui, la voiture ?

— Et non, le seigneur, répond M. Badouret, se hâtant de secouer la poudre qui couvrait les chaises et allant et venant comme un fou.

La porte s'ouvre et la marquise paraît, soutenant Nanette qui, les yeux baissés, n'ose avancer et tremble comme la feuille agitée par le vent. Le perruquier et son épouse reconnaissent la dame qu'ils ont vu plusieurs fois et la reçoivent avec force révérences et salutations; c'est dans l'arrière-boutique que madame Badouret s'empresse de faire entrer la noble visiteuse, et Nanette tombe aussitôt en larmes sur un siége.

— Hélas! qu'a donc cette chère enfant? s'écrie avec inquiétude la perruquière en courant vers sa nièce pour la presser dans ses bras.

— Une vive douleur, un sincère repentir

d'une faute irréparable, mes amis, dit la marquise.

—Un repentir!..... une faute!..... grand Dieu! qu'est-il donc arrivé?... questionne madame Badouret.

—Ah! je devine, moi, l'enfant au lieu d'aller à son ouvrage ce matin, a fait l'école buissonnière et vient en demander pardon, c'est sûr; en v'là de la soumission, chère petite, va! dit en souriant le perruquier.

—Nanette, qu'as-tu donc, ma chère, conte cela à ta bonne tante, qui t'aime et t'excuse d'avance, dit madame Badouret en caressant la jeune fille.

—Votre nièce, Madame, victime de la séduction, d'un trop confiant amour, doit être mère dans trois mois, dit la marquise avec émotion.

— Mère!!! Nanette, enceinte!!! misérable enfant! s'écrie la perruquière en reculant avec effroi, indignation.

— Je parie vingt-quatre sous que c'est ce polisson de Rifolet qui lui aura fait cet enfant, dit Badouret avec naïveté et sang froid.

— Ma tante, ma bonne tante! ne me maudissez pas! s'écrie Nanette en tombant à genoux et élevant vers la perruquière des mains suppliantes.

— Te pardonner! jamais, monstre! sors de chez moi, car je te chasse et te méprise.

— Ah! Madame, pouvez-vous ainsi accabler une pauvre fille qui, repentante et à vos pieds, implore votre miséricorde.

— Madame la marquise, pardonnez de ce qu'en votre présence je ne peux maîtriser ma vive indignation, mais au Roi lui-même, je refuserais la grâce de cette fille indigne.

— A vous cette faute, Madame, dont l'ambition a repoussé le séducteur de votre nièce, lorsqu'il vous la demandait pour épouse, répond la marquise.

—Mais enfin quel est ce misérable? s'informe madame Badouret.

— Un nommé Xavier, soldat aux gardes françaises, dit madame de Chamalais.

— Ah bah! j'aurais perdu, s'écrie Badouret.

— Un soldat! un simple soldat! dit la perruquière avec mépris.

— Honnête homme quoique coupable, il attend votre consentement pour réparer ses torts, et par le crédit de mon époux, il ne peut tarder d'obtenir un grade.

— Qu'ils se marient ou ne se marient pas, que m'importe! puisque je ne veux plus les revoir ni entendre parler de cette fille indigne!

— Ma tante! pitié! pitié! s'écrie Nanette en se traînant à genoux et livrée au plus violent désespoir, sur les pas de l'inflexible perruquière qui la repousse avec dureté.

— Assez, assez, mon enfant, et puisque le cœur de votre tante ne connaît ni l'indulgence, ni le pardon, venez près de moi, chez moi, alors je serai votre mère, je vous marierai et vous prodiguerai tout le bonheur qui dépendera de moi, fait entendre la marquise en ou-

vrant ses bras dans lesquels Nanette se précipite.

— Eh bien ! et ton oncle, petite, qui te pardonne trois fois plutôt qu'une, est-ce que tu
veux l'oublier, s'écrie Badouret les larmes aux
yeux.

— Vous, mon bon oncle, oh ! jamais, jamais ! dit Nanette en quittant le sein de la
marquise pour se jeter sur celui du perruquier.

— Vois, Nanette, vois ta tante qui, malgré
son air rebarbatif, ses grands sermens, pleure
en cachette et voudrait déjà t'avoir pardonné,
dit Badouret en montrant sa femme, laquelle
sanglotte à cœur fendre.

— Eh bien.... oui, je.... je pleure, mais
de ra... ge d'aimer encore cette malheureuse

enfant et de lui pardonner mal... gré moi, balbutie madame Badouret, qui, avant sa phrase terminée, presse déjà Nanette dans ses bras en la couvrant de baisers.

— J'aurais parié la pièce de douze sous que ma femme n'y tiendrait pas; comme dit le proverbe : chacun juge le prochain d'après son propre cœur.

— Ah! Nanette, qu'est-ce qui aurait dit cela? imprudente! combien tu me fais de chagrin; mais je te pardonne, enfant, en faveur de ton repentir, du cher petit que tu portes dans ton sein et à qui il faut nous empresser de donner un père afin de sauver, autant que possible, l'honneur de la famille.

— Xavier ne demande pas mieux, ma tante.

— Mais où est-il? ce beau godelureau, qu'on s'entende avec lui.

— Présent! fait Belhumeur entrant dans l'arrière-boutique, la main à son chapeau, Belhumeur qui a attendu Nanette à la porte de l'hôtel, et l'a vu sortir avec la marquise, qui a suivi la voiture et est entré sans bruit dans la boutique du perruquier, afin d'écouter l'entretien dont il n'a pas perdu un mot.

A l'apparition inattendue du militaire, chacun paraît surpris ; Nanette manque de s'évanouir, madame Badouret fronce le sourcil, le perruquier sourit et se frotte les mains, la marquise examine, et, voyant la bonne mine de Xavier, sa belle et noble figure, trouve la jeune fille moins coupable.

— Quand la noce, maman Badouret ? fait entendre Belhumeur.

— Mais, le plus tôt possible, mauvais sujet, répond la perruquière.

— Suffit ; et si madame la marquise, à toutes ses bontés, voulait joindre celle de dire un petit mot à mon colonel, la chose n'en irait que mieux et plus vite.

— Telle est mon intention, Monsieur ; venez donc demain soir à mon hôtel chercher la réponse que m'aura faite votre chef.

— Je n'y manquerai pas, madame la marquise, répond Xavier en saluant.

— Nanette, reprend madame de Chamalais, en pressant amicalement la main de sa protégée, maintenant que le sourire a remplacé chez vous la douleur, je vous quitte, mon enfant; mais souvenez-vous, le jour de vos noces, de venir près de moi y recevoir la dot que je me fais un plaisir de vous offrir.

Grands remercîmens et force salutations de la famille, qui accompagne la dame jusqu'à son carrosse, et ne rentre qu'après l'avoir perdu de vue.

Rentrée chez elle, la marquise fait prévenir son époux qu'elle souhaite l'entretenir. Le marquis se présente, prend un siége près de sa femme, et lui prête une oreille attentive.

— Mon ami, je vous ai fait appeler afin d'exiger de votre part un service en faveur de deux jeunes gens que je protége.

— Parlez, chère marquise, vos désirs, vous le savez, sont des ordres pour moi.

— De votre complaisance, de votre amabilité je n'attends pas moins... Il s'agit, Marquis, de faire une visite au colonel des gardes françaises en garnison en ce moment à Paris...

— Rien de plus facile, Madame.

— Il est de vos amis, à ce que je crois me rappeler....

— Camarade d'enfance, répond le seigneur.

— Fort bien! vous lui demanderez qu'il protége et grade le plus tôt possible, le nommé Xavier dit Belhumeur, soldat de son régiment; plus qu'il accorde à ce jeune militaire la permission de se marier dans quelques jours.

— Pourrait-on savoir, Marquise, d'où naît l'intérêt que vous portez à ce soldat?...

— Il est le prétendu de ma gentille lingère, la jolie Nanette.

— Ah! ah! fait le marquis en se mordant les lèvres.

— La tante de Nanette repoussait ce mariage, parce que Xavier est un simple soldat, mais une visite de moi à cette femme, vient d'aplanir toute difficulté ! et il ne manque plus que la permission du colonel pour que le mariage se fasse aussitôt.

— Vos souhaits vont être comblés, chère marquise, car à l'instant même je vais me rendre chez le colonel... où j'avais eu d'abord envie d'aller moi-même; mais j'ai réfléchie en revenant ici, qu'il était plus convenable que ce soit vous qui se chargiez de cette démarche.

— Cent fois merci, Madame, d'une préférence qui vous évite une peine et que je vais m'efforcer de mériter encore plus à l'avenir.

M. de Chamalais quitte sa femme pour se jeter dans sa voiture et se faire conduire chez le colonel qu'il trouve à grand'peine et chez qui il ne pénètre qu'en forçant la consigne.

— Ah ! pardon, mon cher, je ne te savais pas en bonne fortune, s'écrie le marquis en découvrant le colonel au fond d'un petit boudoir, en tête-à-tête avec une jeune femme qu'il fait danser sur ses genoux, après un excellent déjeuner dont les débris encombrent une table placée près du couple galant.

— C'est toi, Chamalais ? Parbleu ! sois le bien-venu, tu vas m'aider à vider ce dernier flacon de champagne dont cette petite fait fi, s'écrie le colonel, en riant et tendant la main au marquis.

— Très volontiers, mon cher, cependant, il me semble que ma présence doit être importune en ce moment.

— Du tout! car un bon drille de plus n'effarouchera en rien la pudeur de la gentille Thisbé, la reine des danseuses du théatre de Nicolet, dit le colonel en montrant sa maîtresse à qui il donne un gros baiser et qu'il fait asseoir sur un canapé.

— S'il en est ainsi, buvons et causons, car je viens, mon brave colonel, te demander un service.

— Explique-toi, Chamalais, entre gentilhomme on se doit aide et protection.

— Il y a dans ton régiment, un soldat nommé Xavier dit Belhumeur?

— Oui, un brave, un bon militaire...

— Un drôle qui se permet de vouloir épouser une grisette dont je suis amoureux fou, un vrai trésor, un morceau friand, digne en tout des caresses d'un gentilhomme.

— En vérité! fait le colonel.

— Aussi, viens-je te prier en bon et ancien camarade de me débarrasser de ce honteux rival, de refuser à cet homme la permission de se marier, de lui interdire tout avancement, et pour plus de sûreté, de l'expédier sur quelques garnisons lointaines.

— Diable! tu es exigeant, Chamalais, tu me demandes la chose qui me coûtera le plus, celle de chagriner un homme que j'estime. C'est le plus brave du régiment que je commande.

— Allons donc! mon cher, ne vas-tu pas te faire tirer l'oreille en faveur d'un manant?

— Non, mais sache, Marquis, que pas plus

tard qu'hier , j'ai promis à Belhumeur les galons de caporal et de signer à son contrat de mariage; or, puis-je de but en blanc, sans un motif quelconque, manquer ainsi à une parole donnée?

— S'il ne te manque qu'un prétexte, je te le fournirai, mon cher.

— Comment cela ?..

— En empêchant Xavier de rentrer ce soir au quartier, et en te le renvoyant demain matin ivre et insubordonné.

— C'est un guet-à-pens, une action peu loyale que tu te proposes là, mais enfin comme je ne peux te refuser, fais ce que bon te semblera.

— Tu t'engages donc a recevoir demain notre drôle lors de sa rentrée à la caserne?

— Oui.

— A l'expulser de Paris ?...

— Pour le faire filer sur Strasbourg où le régiment de mon frère le recevra.

— Colonel, je suis content de toi; maintenant, buvons ! reprit M. de Chamalais en s'emparant d'une bouteille et versant à pleins bords.

Le même jour de cet entretien, sur la brune, comme Xavier, après avoir quitté Nanette et les Badouret avec qui il avait passé le reste de la journée, s'acheminait vers sa caserne, en société de Rifolet qu'il venait de rencontrer, un ouvrier de bonne mine l'accoste, pousse un cri de surprise et se jette dans ses bras.

— Quoi donc ! Pékin, çà ne se passe pas ?

fait le militaire en repoussant l'inconnu.

— Quoi, Xavier, tu ne reconnais pas Poulo, avec qui tu as joué si souvent étant enfant? Poulo, le fils à la mère Vincent...

— Eh oui! je te reconnais, gamin, quoique tu sois grandi et enlaidi à l'avenant... Ah çà! d'où viens-tu? que fais-tu?..... Et Xavier presse la main de Poulo, grand flandrin au teint blême.

— Mon cher, j'ai fait mon chemin, oui, je suis calé, très calé, grâce à la place d'économe que j'occupe chez un de nos grands seigneurs.

— Où tu mets les économies dans ta poche, n'est-ce pas, farceur?

— Pas souvent, pas souvent; mais quelquefois, car ma manière de penser à moi, vois-tu, Xavier, est que le riche ici-bas est le banquier du pauvre.

— Pas mal! mais au revoir, camarade, car j'entends la retraite qui me rappelle au quartier, sous peine d'enfoncement, répond Belhumeur en faisant un pas pour s'éloigner.

— Depuis quand d'anciens amis se quittent-ils sans boire un coup, dit Poulo, reprenant le bras de Xavier, et l'entraînant vers un marchand de vin.

— Un coup, soit! mais hâtons-nous, dit le soldat aux gardes en suivant Poulo, accompagné de Rifolet.

On s'attable, le vin est de première qualité, mais chose étrange, il monte vite à la tête des buveurs qui, à leur cinquième bouteille, chantent, déraisonnent et oublient l'heure.

C'est que ce Poulo, tout en étant une vieille connaissance de Xavier, était aussi le valet de chambre du marquis de Chamalais, lâché par ce dernier pour débaucher et griser le militaire, ce dont cet homme s'acquitte à merveille, au moyen d'une poudre étourdissante qu'il mêle au vin sans que Rifolet, victime aussi de la fraude, s'en doutât le moins du monde.

Cinq heures du matin, et Xavier, dans son ivresse, se rappelle que la retraite du soir à sonnée, qu'il lui faut rentrer à la caserne, vers laquelle il se dirige chantant et trébuchant, où il ne rentre que pour être conduit par quatre de ses camarades, à la salle de police, pour de là, paraître deux heures après devant son colonel, dont le regard sévère achève de dégriser notre soldat aux gardes.

CHAPITRE VI.

1792.

QUATRE ANS APRÈS.

Au mois d'août 1792, époque de trouble et
d'infamies, moment funeste où la monarchie
croulait et s'ensevelissait dans des flots de sang,
où un peuple faible, épouvanté, abandonnait
l'infortuné Louis XVI, le meilleur des rois et

des hommes, à la fureur des factieux, à des ju-
ges sanguinaires ; Louis XVI, monarque trahi,
abandonné par une lâche noblesse, qui n'avait
su que fuir et non le défendre au jour du malheur, noblesse égoïste, rampante, ingrate !
certes, perfide aux Bourbons, à l'empereur,
et qui sera de même envers tous les rois,
lorsque ces derniers ne pourront plus payer
sa monnaie de singes, ses basses flatteries
avec la sueur du peuple.

Au mois d'août 1792 donc, et rue Saint-
Antoine, non loin de celle Cloche-Perche, se
voyait une petite boutique, sur l'enseigne de
laquelle, se lisait en gros caractère :

*Mademoiselle Badouret, tient Lingerie et
Nouveautés :*

Boutique, dont les montres ornées de
gracieux chiffons, de bonnets coquets, in-
vitaient le passant à entrer et faire emplette,

ce à quoi les engageaient encore plus, la jolie figure, les gentilles manières et la politesse de la maîtresse du lieu.

Or, c'était le 16 août, et sur la brune, six jours enfin, après l'horrible massacre du 10, que Nanette Badouret s'empressait de fermer son petit magasin, et de clore ses portes à l'exemple des marchands ses voisins, en ce que le bruit circulait dans le quartier, que les infâmes Marseillais, et les fédérés, étaient en marche pour le faubourg Saint-Antoine, et que le passage de cette canaille sanguinaire ne pouvait manquer de se signaler, selon son habitude, par la violence et le vol.

Les volets placés, la porte bien fermée, Nanette, toujours aussi gracieuse, plus belle encore que lorsque nous la connûmes il y a cinq ans, Nanette donc, va s'asseoir près d'un petit comptoir sur lequel brûle une chandelle, et là, en soupirant, reprend l'ouvrage qu'elle avait quitté pour fermer sa boutique.

— Mon Dieu ! où est-il ? pourquoi ne revient-il pas lorsque je l'en ai prié, lorsqu'il sait que j'ai absolument à sortir, qu'elle souffre et m'attend ? Ah ! mon oncle ! pour un homme de votre âge, vous êtes peu raisonnable, murmura Nanette avec une impatiente résignation.

Quelques instans encore, et trois petits coups, frappés avec le doigt sur un des volets de la boutique, font accourir Nanette , pour ouvrir la porte.

— Enfin, vous voilà, mon oncle, je vous attendais avec impatience... franchement , vous êtes peu prudent, d'être sans cesse dehors, dans un temps comme celui-ci, où l'on peut rencontrer la mort à chaque pas.

— Ne gronde pas, chère enfant, j'arrive de

l'assemblée nationale , où la séance a été chaude, et d'où il m'était impossible de sortir plus tôt, vu que les portes en étaient closes, répond Badouret, dont une large cocarde orne le chapeau à trois cornes, dont une bouffette aux couleurs nationales couvre un revers de l'habit.

— Dites-moi, mon oncle, ont-ils parlé du Roi, et de sa famille, qu'ils ont enfermé il y a trois jours dans la forteresse du Temple.

— Certainement ! et après avoir entendu, je crains fort que çà n'aille mal pour notre bon monarque.

— Hélas ! un si brave homme ! que peuvent faire ces monstres, après lui avoir ravi sa couronne et sa liberté ?

— Silence, silence donc , petite, il faut que

tu sois bien téméraire, pour oser t'informer tout haut du sort de cette famille ; tu ne sais donc pas qu'au temps qui court les murs ont des oreilles.

— Beau temps et belle chose, ma foi! qu'une révolution.

— Silence! encore une fois, petite, tu vas nous compromettre... Mon Dieu! si on l'entendait!

— Oui, les Marseillais, les sans-culottes, affreux coquins, aussi féroces que sanguinaires.

— Tais-toi, tais-toi, enfant, car si comme moi, tu étais un profond politique, tu comprendrais tous les avantages de notre belle révolution.

— Je n'ai encore vu que ses horreurs,

car enfin, qu'a-t-elle produite jusqu'alors autre que l'exil et le massacre ?

— La liberté, ma nièce, l'abolition des priviléges et celle d'une noblesse orgueilleuse.

— Belle liberté que celle qui menace vos jours à chaque instant, et vous clos la bouche sous peine de mort...

— Attends, Nanette, laisse passer l'orage et tu diras ensuite comme le proverbe, (à quelque chose, malheur est bon), la preuve, c'est que l'abolition des priviléges t'a permis d'ouvrir cette boutique de lingerie, aussitôt après la mort de ta pauvre tante, ma chère femme, décédée, voilà deux ans bientôt.

— Oui, en ce que la réforme des mai-

trises ayant transformé en maître tous les
garçons perruquiers, la concurrence vous
a forcé de fermer boutique, répond Nanette.

— Et de venir vivre près de toi, avec toi,
ma chérie, afin de te porter aide et protection.

— Allez, allez, mon oncle, je ne peux,
malgré tout ce que vous me dites, être par-
tisante d'une révolution qui, attirant l'ennemi sur notre sol, contraint Xavier, le père
de mon fils chéri, à vivre aux armées, éloigné de moi depuis quatre ans bientôt, sans
lui avoir seulement laissé le temps de venir
m'épouser.

— C'est cela, plains-toi, Nanette, lorsque cette même révolution a puni dans le
marquis de Chamalais, aujourd'hui en fuite,

et privé de ses titres, l'homme qui, par une ruse, une méchanceté indigne, a empêché jadis ton mariage avec Xavier, en envoyant ce pauvre garçon en exil.

— Monsieur de Chamalais! oui, mais hélas! combien il est puni en ce moment, depuis près d'un an, séparé de sa vertueuse femme qui, mourante, l'appelle à chaque instant! Ah! mon oncle, il est de ces infortunes devant qui toutes rancunes doivent s'éteindre.

— A propos! mais il y a long-temps que nous n'avons reçu de nouvelles de ce brave Xavier.

— Il y a un mois, mon oncle, et j'en attends bientôt.

— Oui, s'il n'est pas mort.....

— Ah ! mon oncle , quelle horrible pensée ! s'écria douloureusement Nanette.

— Dame! comme dit le proverbe, le danger est pour celui qui le cherche , et Xavier, qui a juré de monter en grade lors de son départ pour la guerre , n'y va pas de main morte, à ce que nous marquait Rifolet dans sa dernière lettre , Rifolet , son camarade de régiment , gaillard jadis capon comme la lune, et dont l'amour a fait un brave soldat.

— Savez-vous bien , mon oncle, que sans mon fils , mon petit André , j'aurais voulu ainsi que Toinon , l'épouse de Rifolet , suivre mon Xavier à la guerre ?..... oui, je me serais fait cantinière du régiment ! dit fièrement la jeune femme.

— Et moi , Nanette , sais-tu que malgré

mes soixante-dix ans, entraîné par l'élan général, j'ai été pour m'enrôler, mais les imbéciles n'ont pas voulu de moi et m'ont conseillé d'aller me replanter afin de reverdir.

— Comment, mon oncle, vous avez eu la pensée de quitter votre nièce, votre fille? ah! c'est vilain, bien vilain!

— Dame! petite, l'enthousiasme m'avait tourné la tête, je voulais aussi aller battre les Prussiens!

— Oh ciel! déjà neuf heures, et j'oubliais qu'il faut que je sorte absolument, s'écrie Nanette dont les yeux viennent de se fixer sur l'horloge de bois appendue à la muraille de la boutique.

— Es-tu folle, enfant, de penser à sortir

à cette heure, lorsqu'il y a du bruit dans la ville et que tu serais exposée à faire quelque fâcheuse rencontre?

— N'importe, mon oncle, ma chère malade m'a fait demander tantôt, je dois me rendre à ses ordres.

— Mais, Nanette, quelle est donc cette femme à la santé de qui tu t'intéresses si vivement?

— Une infortunée souffrante et chagrine, que vous ne connaissez pas, mon oncle, et de qui je suis la seule amie, le seul soutien! répond Nanette avec tristesse, tout en couvrant ses épaules d'un mantelet d'une couleur foncée.

— Je vais t'accompagner, petite.

— Non, mon oncle, ce n'est pas la peine,

je ne vais qu'à deux pas; occupez-vous seulement de préparer le souper, car je ne tarderai pas à rentrer; et surtout, s'il se fait du bruit dans la rue, gardez-vous d'ouvrir la porte et de vous mêler à la foule ainsi que cela vous arrive chaque fois.

— Sois sans crainte, petite, car prudence est la mère de sûreté, comme dit le proverbe; aussi je ne m'aviserai pas de laisser ta boutique sans gardien pour la faire dévaliser.

Nanette, après quelques recommandations encore, s'éloigne d'un pas rapide, descend la rue St.-Antoine jusqu'à celle de la Tixeranderie. Là, elle se jette dans une allée obscure et infecte, franchit un escalier tortueux, atteint le troisième étage et frappe doucement à une porte que vient lui ouvrir une vieille femme.

— Arrivez donc, amie secourable, l'infortunée est bien mal et vous attend avec impatience, dit tout bas la vieille en reconnaissant
Nanette et l'introduisant dans la chambre,
pièce meublée avec simplicité mais où règne
la plus grande propreté, et dans laquelle, sur
un lit, est étendue, pâle, défigurée, la marquise de Chamalais près de qui avec empressement s'avance la lingère.

— C'est toi, mon ange tutélaire, j'avais
hâte de te voir et crainte que tu n'arrivas
trop tard, fait entendre la marquise d'une
voix faible, en sortant de dessous la couverture une main blanche et décharnée qu'elle
présente à Nanette.

— Pardon, pardon, Madame, de vous avoir
fait attendre, mais mon oncle est entré tard,
et puis j'avais peur pour sortir, car, dit-on,

il y a ce soir grand tumulte dans la ville.

— Pauvre petite! comme je te donne du mal! comme tu t'exposes pour moi! et cependant, ils nous ont dépouillé de tout, Nanette, nous sommes pauvres maintenant, il nous sera impossible de te récompenser du bien que tu me fais.

— Ah! Madame, pourquoi parler ainsi, lorsqu'en m'accueillant avec bonté au temps de votre opulence, vous m'avez récompensée d'avance au-delà de tout ce que je fais pour vous dans ces jours de calamité.

— Non, non, je n'ai rien fait pour toi, mon ange, pour ton bonheur que je désirais cependant; et toi me voyant séparée de mon époux qu'ils ont mis en prison pour le punir d'un crime imaginaire, obligée de fuir mon hôtel qu'envahissait une populace furieuse qui m'y cherchait pour me donner la mort, tu m'as recueilli, Nanette, ainsi que mon enfant, ma chère petite Charlotte! J'étais malade, mourante, après de si terribles secousses, enfin dénuée de tout, et c'est encore toi qui as placé ma fille et qui pourvois chaque jour aux besoins sans cesse renaissans de sa mère...

— Assez, assez, Madame, pitié pour vous que ces paroles fatiguent, interrompt Nanette, en pressant la main de la marquise.

— Ange de beauté! laisse à une mourante le droit d'exhaler ses dernières volontés, ses dernières pensées.

— Vous, mourir! oh! non, Madame, vivez pour revoir votre époux, vivez pour votre chère petite fille et pour moi qui vous aime tant! répond la lingère d'une voix émue et les yeux mouillés de larmes.

— Non, n'espère plus, Nanette, car je sens mon âme prête à quitter mon corps pour s'envoler vers Dieu, que je prierai pour mon époux et mon enfant; aussi ai-je voulu te revoir encore, mon ange, afin de te remettre cette lettre pour mon époux, s'il échappe à la haine de ses persécuteurs, si tu le revois un jour, reprend la marquise en remettant à la lingère une lettre cachetée.

— C'est inutile, Madame, vous vivrez, pour être heureuse et chérie!

— Non, n'y compte pas, mon ange, et permets-moi de mourir moins malheureuse lorsque tu m'auras fait le serment de servir de mère à ma fille, d'élever son enfance, d'en faire ainsi que toi, un modèle de vertu et de bienfaisance. Car si la pauvre petite, après m'avoir perdu, devait encore ne plus revoir son père!

— Ah! je vous le jure! madame, oui, votre Charlotte deviendrait alors ma fille, la sœur bien aimée de mon petit André.

— Merci, Nanette, du haut du ciel je prierai pour toi, et Dieu te bénira, mon ange.

Ces derniers mots ont été prononcés, par la marquise, d'une voix éteinte; la fatigue venait d'anéantir les forces de la malade, sa tête retomba sur l'oreiller, et ses yeux se fermèrent comme ceux d'un mourant.

— Pauvre femme! soupire douloureusement Nanette en s'éloignant du lit, après avoir long-temps contemplé la marquise et s'être assuré qu'elle reposait.

— Mère Chatelain, qu'est-ce qu'a dit le médecin aujourd'hui? demande la lingère à la vieille garde, qui n'est autre qu'une pauvre ouvrière, locataire de la chambre et propriétaire du mobilier. Elle l'a loué à Nanette, afin de placer la marquise qu'on cherchait et qu'elle ne trouvait pas assez bien cachée dans sa boutique où cette femme infortunée, la tête perdue et tenant son enfant dans ses bras, était venue d'abord lui demander asile et secours.

— Hélas! il n'y a plus rien à espérer et elle passera d'un moment à un autre, répond la vieille, à la grande douleur de Nanette.

— S'il en est ainsi, mère Chatelain, je vais

profiter du sommeil de notre chère malade, pour courir rassurer et prévenir mon oncle, puis, je reviendrai veiller et prier avec vous au chevet de cette infortunée.

Ces paroles dites, la bonne fille s'échappe en silence et d'un pied léger regagne son logis dont une clé lui donne l'entrée, mais où elle trouve son oncle absent, le couvert dressé, le souper sur la cendre chaude, et sur le comptoir de la boutique, écrit en grosses lettres avec du blanc d'Espagne, ces mots tracés de la main de l'ex-perruquier :

Ne soit point inquiéte, je cuis avec notte voisin le rautisseur, allé faire un tourre.

Nanette, après avoir murmuré une plainte sur l'imprudence du vieillard, s'empresse de

tracer ces mots sous ceux écrits pour son
oncle:

« Et moi, je vous gronderai fort à mon re-
» tour, je vais accomplir le devoir d'une amie,
» d'une chrétienne, en passant cette nuit entière
» au chevet d'une pauvre femme prête à rendre
» son âme à Dieu. »

Cela fait, et la douleur lui ôtant tout appétit, Nanette sortit presque aussitôt de chez
elle, se dirigeant de nouveau vers la rue de la
Tixeranderie, lorsque, arrivée sur la place Ro-
doyer, une masse de brigands, hurlant la
Marseillaise, couverts de boue et de sang, et
tous armés de torches, sabres et piques, dé-
bouchent de la rue des Barres et dans leur
course entourent la pauvre fille qui n'a pu
leur échapper et qui s'efforce de sortir de
ce ramas impur. Saisie à bras le corps

par un de ces hommes affreux, elle sent aussitôt ses lèvres comprimées par celle du bandit. Nanette pousse un cri d'effroi, se débat et par ses efforts impuissants ne fait que provoquer l'hilarité de la bande atroce.

— C'est une aristocrate!

— A la lanterne, la bégueule, s'écrie un autre.

— Crie vive la nation, ou la mort! la citoyenne.

— Grâce, Messieurs, laissez-moi continuer ma route! supplie Nanette hors d'elle en joignant les mains.

Vaine prière, car la pauvre fille, renvoyée brutalement de l'un à l'autre de ces brigands, sent la bave impure qui s'échappe de leurs lèvres, souiller son visage si pur et si charmant, puis tombée dans les bras du dernier, c'est une tête tranchée et sanglante qu'un de ces monstres met en contact avec celle de la jeune fille qu'elle inonde de sang, cela, au bruit des fous rires de la bande infernale.

Libre enfin et la raison perdue, Nanette oublie la marquise; dans son effroi, elle fuit en courant, regagne sa demeure, s'y introduit et tombe sans connaissance sur le carreau de sa boutique, où, en rentrant une heure après, l'oncle Badouret la retrouve inanimée.

— Ma nièce! ma chère Nanette! s'écrie le bonhomme tout effrayé en relevant la pauvre fille qu'il voit couverte de sang.

— Elle est tuée, assassinée! mon Dieu! au secours! au secours! s'écrie le vieillard, et à ces cris les voisins d'accourir, d'aider l'oncle à relever Nanette, sur qui ne se montre nulle blessure.

Des soins, des sels à respirer et la lingère revient à la vie ; en peu de mots elle raconte son aventure et saisie d'une fièvre violente, elle est mise au lit par deux voisines obligeantes.

Trois jours de souffrance et d'un affreux transport, durant lesquels Badouret n'a pas quitté le chevet du lit de sa nièce, dont les paroles incohérentes, enfans du délire, ont fort embarrassées et intriguées le veillard, puis la jeune femme, revenue à la raison, plus calme et moins souffrante, reconnait son oncle, et répond à son sourire par un sourire.

— Enfin, te v'là hors de danger, ma pauvre Nanette, mais franchement tu m'as fait une furieuse peur.

— Merci de vos bons soins, mon oncle ; et moi aussi j'ai eu bien peur en me voyant au milieu de cette lie du peuple et l'objet de leur brutalité.

— Pauvre petite, que n'étais-je là pour te défendre... Ah çà mais, Nanette, sais-tu que tu n'as pas mal battu la campagne depuis trois jours que tu es dans ce lit malade ?

— Trois jours, trois jours ! mon Dieu, est-ce bien possible ?

— Rien de plus certain, t'agitant, criant, parlant et entretenant avec une marquise, de je ne sais quoi...

— Une marquise... Oui... La mémoire me revient !... C'est elle ! elle ! l'infortunée !... Trois jours sans la voir... Que sera-t-elle devenue?... Mon oncle, il faut que je me lève, que je sorte...

— Eh! bien, est-ce que çà te reprend? Nanette, dit l'oncle avec inquiétude en retenant sa nièce prête à s'élancer hors du lit.

— Non, mon oncle, soyez sans crainte, j'ai toute ma raison, mais un être souffrant m'attend et s'inquiète de ma longue absence, il me faut aller près d'elle.

— Impossible! mon enfant, tu es trop faible, incapable de te soutenir; patience encore, car comme dit le proverbe : la guérison n'est pas si prompte que la blessure.

— Si, mon oncle, je suis guérie, je suis forte, voyez plutôt! et en parlant ainsi la jeune femme qui s'était posée sur ses pieds, faiblissait et perdait l'équilibre.

Badouret effrayé, s'empresse donc de la remettre sur sa couche, tout en la grondant de sa désobéissance.

— Mon oncle, à vous le soin de calmer une vive inquiétude, en vous rendant tout de suite près de la marquise de Chamalais, qui malade, expirante, pauvre, et n'ayant désormais d'autre amie et soutien que votre nièce, souffre et languit dans une mansarde de la rue de la Tixeranderie. Partez, partez vîte, mon oncle, et hâtez-vous, après l'avoir visité, instruit du motif de ma longue absence, de venir m'apporter de ses nouvelles, allez ! et Dieu veuille que vous la trouviez encore.

— Ah ! cette femme est la marquise de Chamalais ? l'épouse de ce scélérat de seigneur qui, amoureux de toi, d'après ce qu'a raconté à Xavier une danseuse du théâtre de Nicolet, à fait expédier ce cher Belhumeur pour l'Amérique, afin de se débarrasser d'un rival?

— Oui, mon oncle, c'est la marquise elle même, fort innocente du mal que m'a fait son époux. Elle ignore toujours son fol amour pour moi, ruinée, poursuivie, elle est venue me demander asyle pour elle et son enfant, c'est elle qui se meurt et près de qui je vous supplie de vous rendre à l'instant même.

— Je pars, je pars, ma mignonne... Mais son époux, où donc est-il?

— Dans les prisons de la Force et sous le poids d'une injuste accusation, celle d'avoir eu des intelligences avec les ennemis de la France.

— Alors, gare à lui, car sa tête n'a plus guère de temps à rester sur ses épaules.

— Hélas! soupire Nanette à cette cruelle réflexion de son oncle.

L'ex-perruquier, après s'être informé de la demeure de madame de Chamalais, s'éloigne aussitôt, atteint la maison où habite la malade, et sous la porte heurte un cercueil, celui de la marquise, morte la veille et qu'on portait à sa dernière demeure.

— Voilà ma commission faite, dit froidement Badouret, après information prise en tournant les talons pour regagner la boutique de la lingère.

CHAPITRE VII.

L'ÉCHAPPÉ.

Depuis huit jours déjà, la terre renfermait la dépouille mortelle de la marquise de Chamalais, et depuis ce temps Nanette pleurait la perte de cette amie. Qui pourrait dire toutes les larmes que versèrent ses beaux yeux.

L'oncle Badouret, témoin d'un aussi violent désespoir, s'efforçait en vain d'en arrêter le cours en cherchant à distraire la jeune femme; il lui tenait compagnie, en l'entretenant de Xavier, et lui parlait surtout de son fils, de son petit-fils André, joli enfant, âgé de trois ans, en nourrice au village de Gonesse, à quatre lieues de distance de Paris.

— Oui, mon oncle, mon André, ah! c'est lui qui m'attache à la vie, lui et un second enfant que le ciel m'a donné et à qui je dois aussi tenir lieu de mère et lui en prodiguer tous les soins, faisait entendre Nanette après avoir longuement écouté les consolantes et amicales paroles de l'ex-perruquier.

— Comment, comment, un second enfant, tu comptes mal, ma mignonne, Dieu merci! c'est bien assez d'en avoir la charge d'un, sans en souhaiter un second, surtout dans ce moment de calamité, à la veille d'une affreuse disette et lorsque le commerce est tout-à-fait abattu.

— Et pourtant, mon bon oncle, il va falloir que votre nièce redouble de courage et d'activité, car ce qu'elle vient de vous dire est la vérité; oui, en quittant cette vie, la marquise de Chamalais lui a légué sa fille, sa petite Charlotte, pauvre enfant de deux ans, en la suppliant de lui tenir lieu de mère quand elle ne serait plus, et Nanette ne trahira pas la confiance que son amie a placée en elle en repoussant l'orpheline au berceau.

— Mais cette petite a encore son père, observe Badouret avec humeur.

— Oui, mais en prison, sous le poids d'une

funeste et mensongère accusation, son père, dont il y a peu de jours, vous me fîtes, mon oncle, entrevoir la perte inévitable, répond Nanette en soupirant.

— Inévitable, en effet, ma pauvre enfant, en ce que les gredins qui sont nos maîtres aujourd'hui ne font grâce à personne, encore moins aux aristocrates conspirateurs... Mais dis-moi, Nanette, le marquis de Chamalais mort, ne reste-t-il donc personne de la famille de ce noble, qui puisse prendre soin de cette petite fille?

— Non, mon oncle, car tout ce qui tient à cette famille est mort ou a émigré.

— Je conçois, aussi lâches que les princes du sang, que les d'Artois, les Provence, les Condé, tous ces nobles ont abandonné notre bon roi, et se sont sauvés comme de vrais capons, pour ne revenir qu'après le danger passé réclamer titres et honneurs, puis insulter le peuple, et se venger sur lui des malheurs qu'ont seuls causés leur orgueil et leur corruption. Mais, pour en revenir à notre affaire, je crains que tu ne fasses une sottise, Nanette, en prenant cette petite fille à ta charge; c'est trop de deux enfans à élever et à nourrir pour une faible femme telle que toi; prends garde! c'est pour le souci d'autrui, comme dit le proverbe, qu'il en coûte la vie à l'âne; puis encore : le trop, même dans le bien, ne vaut presque jamais rien, et c'est trop aimer que de risquer d'en mourir.

— Mon oncle, Dieu m'aidera et tout ira bien !

— D'accord! mais Xavier, que dira-t-il à son retour en voyant un second enfant?

— Il dira que j'ai bien fait de recueillir l'orpheline et ne m'en estimera que davantage.

— Mais ce même orphelin est l'enfant de l'homme à qui il en veut le plus, du marquis de Chamalais, à qui il a juré une haine à mort.

— Mon oncle, la haine échoue devant le malheur! répond Nanette.

— A mademoiselle Nanette Badouret, dit le facteur de la petite poste, en entr'ouvrant la porte de la boutique de la lingère et jetant une lettre sur le comptoir où causaient en ce moment l'oncle et la nièce.

— Mon oncle, c'est une lettre de Xavier, quel bonheur! s'écrie Nanette en rompant vivement le cachet.

— Ah! ah! voyons ce qu'il nous dit, fait Badouret en se frottant les mains d'aise.

« Ma bonne Nanette, ma chère petite
» femme, la présente est pour t'annoncer
» que je suis encore de ce monde, vu que
» les balles, biscaïens et boulets se sont con-
» tentés jusqu'alors de siffler autour de
» moi sans oser m'atteindre; et cependant
» ça chauffe terriblement fort ici, où ces
» gueux de Prussiens nous donnent le plai-
» sir de nous escrimer sur leurs peaux du
» matin au soir, et de les battre à plates
» coutures. Je t'apprendrai en plus, ma chè-
» rie, que mon général, le brave Kellermann,
» ayant trouvé que je ne m'escrimais pas mal
» dans l'action, et qu'un colonel prussien
» que je lui amenais en qualité de prisonnier,
» après l'avoir été pinsé à la tête de son

» régiment, et cela de ma propre main et
» autorité , était une prise qui en valait une
» autre, m'a nommé, il y a huit jours, sergent,
» sur le champ de bataille en me promet-
» tant les épaulettes d'adjudant à la première
» occasion qui, je te le jure, ma chère, ne se
» fera pas attendre long-temps. Encore quel-
» ques jours, l'ennemi chassé de notre beau
» sol de la France, je demande un congé .
» afin de voler vers toi , t'embrasser comme
» je t'aime et légitimer l'existence de notre
» cher petit André, par un bon mariage que,
» cette fois, ne viendrait pas interrompre les
» perfides menées d'un Chamalais, de ce
» noble audacieux qui osait convoiter de ses
» désirs libertins la femme qu'avait choisi
» Xavier Belhumeur ; ce noble à qui j'accorde
» oubli et pardon , si le peuple dans ses ven-
» geances a eu soin de satisfaire la mienne,
» mais à qui j'ai juré d'arracher une vie

» odieuse, s'il existe encore et que le hasard
» nous mette un jour face à face. Mainte-
» nant, ma Nanette, parlons de notre petit
» André, comment se porte ce chérubin? vas-
» tu souvent le visiter chez sa nourrice? je m'en
» doute, car je sais que tu l'aimes comme tu
» aimes son père. Aie donc soin de l'embrasser
» fort et beaucoup pour moi, ce trésor chéri,
» dont je veux faire un jour un beau et brave
» soldat, duquel, je ferai cadeau à la France
» en faveur de sa belle délivrance. Car actuel-
» lement, Nanette, un soldat peut prétendre
» à tous les grades; son épée, son courage
» lui ouvrent le chemin des honneurs et de
» la fortune, grâce à notre grande révolu-
» tion, à l'abaissement de cette noblesse in-
» solente qui se disait être tout et le peuple
» n'être rien, à cette caste égoïste, qui, au
» moment du danger n'a su que fuir et non
» défendre son roi qu'elle a abandonné lâche-

» ment; voilà donc ces hommes, se disant
» avec orgueil, d'une essence supérieure à la
» nôtre. On dit ici, qu'à Paris ça ne va pas trop
» bien, qu'un ramas d'intrigants, se disant
» partisans des libertés se disputent le pouvoir
« qu'ils viennent d'arracher aux mains du bon
» Louis XVI, on dit aussi qu'un autre ramas de
» canailles, dits les Marseillais, les sans-culottes
» et autres, déshonorent aussi notre révolution
» par des cruautés infâmes, et jettent par leur
» hideuse présence l'effroi chez les honnêtes
» gens. Combien il tarde à l'armée, ma chérie,
» après avoir repoussé l'ennemi au delà des
» frontières, de venir purger le pays de ces
» malfaisants! De la patience, ma petite fem-
» me, car je me dépêche de taper les Prus-
» siens, afin d'être plus tôt près de ta gentille
» personne. En attendant ce doux instant,
» tant désiré de mon cœur, écris-moi souvent,
» donne-moi des nouvelles de notre André, de

» l'excellent oncle Badouret, à qui, je rap-
» porterai une queue superbe à faire et pou-
» drer. Je te dirai encore, que Rifolet est
» décidément devenue brave, qu'à la der-
» nière affaire il s'est dignement montré, ce
» qui lui a valu les galons de caporal. Cet
» ami, ainsi que Toinon, sa femme, notre
» bonne vivandière, te disent mille choses
» aimables. A bientôt, ma chérie, n'oublie
» pas d'embrasser notre fils comme je t'em-
» brasse mille et mille fois.

» XAVIER *dit* BELHUMEUR,

» Sergent-Major, deuxième division de la
» demi-brigade de l'Armée du Nord, etc.»

— Il va venir, mon oncle, concevez-vous
mon bonheur ! ma joie ? fait Nanette en baisant la lettre,

— Tant mieux! tant mieux! ça fait que nous serons de noces, ça me va, moi, les noces, avec en ce qu'il y a long-temps, enfin depuis la perte de feu ma femme, que je n'ai fait une petite ripaille.

— Mon oncle, je veux tout de suite lui obéir, aller à Gonesse embrasser son fils pour lui et en même temps mon second enfant, ma pauvre petite Charlotte, à qui je dois aussi aller rendre le dernier baiser que sa mère infortunée m'a donné pour elle. Vous m'accompagnerez, mon oncle, car c'est dimanche aujourd'hui et rien ne nous empêche aujourd'hui de fermer la boutique?

— Tout ce que tu voudras, petite, répond Badouret. Et cela convenu, on fait un peu de toilette et l'on se met en route vers la porte Saint-Denis, où un coucou reçoit l'oncle et la nièce qu'il cahote jusqu'à Saint-Denis d'où partent pédestrement nos deux voyageurs pour le village de Gonesse, les poches garnies de sucre et de pâtisseries à l'usage des marmots. Non loin du village et au fond d'un verger situé sur la grande route, est une jolie chaumière dont la toiture en chaume se perd dans un épais feuillage. Devant la porte de cette champêtre habitation, une petite pelouse de gazon, et sur ce gazon, deux jeunes enfans aux blonds cheveux, aux frais et charmans visages, qui jouent, se roulent aux pieds d'une villageoise, gardienne prévoyante et attentive. La porte du verger s'ouvre pour donner entrée à deux personnes qui ne sont autres que Nanette et son oncle. Nanette, que les enfans aperçoivent de loin, dont la présence anime leurs yeux de l'expression du plaisir, arrache de leurs jolies bouches un cri de bonheur et de joie.

— Maman! s'écria André en élevant ses petits bras vers Nanette.

— Maman, balbutie Charlotte en imitant le geste de son petit compagnon.

Et les deux bambins de tomber ensemble sur le sein de Nanette qui s'est baissée pour les y recevoir.

— Tiens, André, voilà de la part de ton père, et puis ceci est pour mon compte, disait la jeune mère en embrassant coup sur coup le petit garçon. Et toi, chère petite! tu ris! tu ris! pauvre enfant! ah! tu ne sais pas la perte que tu viens de faire! heureux ange! pauvre petite!..... Tiens! voilà d'abord le baiser de ta mère, son dernier, pauvre enfant! car elle ne te reverra plus! maintenant, embrasse ta nouvelle mère, embrasse la bien fort, Charlotte..... Tiens, comme cela, mon petit ange! et en disant et montrant, Nanette inondait de baisers le visage de la petite fille, qui, en récompense, lui souriait et la baisait aussi,

— Ce petit gaillard-là sera tout mon portrait, observe Badouret en fixant la tête blonde, les traits doux et candides d'André, qui durant l'inspection lui prend les gâteaux dans sa poche.

— Mon oncle, regardez donc aussi Charlotte, quelle jolie figure espiègle, n'est-ce pas? dit Nanette en levant la tête de la petite fille dont, en effet, les traits sont remplis de finesse et de malice.

— C'est vrai! figure charmante, charmante! un peu trop décidée, cependant.

— Ah! mon oncle, dites que l'esprit, l'espièglerie s'annoncent déjà chez cette jeune fille, comme chez mon André, la douceur et la timidité.

— C'est juste! l'un et l'autre semblent avoir un caractère, une expression de physionomie tout opposés à leur sexe. Enfin, à les voir, on prendrait André pour une fille, et Charlotte pour un garçon.

Cela dit, et laissant les enfans manger les gâteaux dont ils leur ont empli les mains, Nanette et l'oncle suivent la nourrice dans la chaumière où cette femme leur sert des rafraîchissemens. Là s'entame une longue causerie.

— Oui, mère Groslot, Charlotte n'a plus que moi pour amie et soutien; aussi, je vous la recommande, traitez-la comme mon André, car ces deux enfans me sont également chers, disait Nanette.

— Mère Groslot, est-ce qu'il ne vous reste

plus de ce petit polisson de vin dont votre
mari me fit goûter la dernière fois que je dé-
jeûnai ici avec lui?

— Faites excuse, m'sieur Badouret, j'en
avons toujours.

— Eh bien, nourrice, offrez m'en, ça con-
viendra mieux que le lait à ma petite esto-
mac.

— Volontiers, d'autant plus que v'là notre
homme qui revenons des champs et qui aura
ben de la satisfaction à trinquer avec vous.

Un instant après, le pain bis, l'omelette
au lard et le jambon fumé couvraient la table,
accompagnés d'un énorme pot d'un petit vin clai-
ret, cousin germain du vinaigre d'Orléans,
mais duquel la fumée ne cessait pas de grimper à la tête, lorsqu'on s'avisait d'en user lar-

gement, ainsi qu'était en train de le faire Badouret, sur qui sa nièce, tout entière au
bonheur de caresser les deux enfans, portait
fort peu d'attention. Sept heures sonnent, il faut
regagner Paris et pour cela quitter la table
où depuis trois heures l'ex-perruquier et le
père nourricier ne cessent de boire et de trinquer. En se levant, Badouret, les yeux brillans
comme des soleils, éprouve certaine difficulté
à se soutenir sur ses jambes flagellantes. Cela
excite le mécontentement de Nanette et
engage la nourrice à offrir son âne pour trans-
porter l'intempérant perruquier jusqu'à Saint-
Denis où lui et sa nièce prendront la voiture
de Paris.

La proposition est acceptée, et Badouret hissé
sur la monture de Sancho. On se met en route.
C'est à grand'peine que le père Groslot, chargé
de maintenir l'équilibre de l'oncle, s'acquitte

de cette pénible mission. Car ce dernier, dont
la verve animée s'exerce en ce moment avec
peu de révérence aux dépens des affaires politiques du temps, se remue et s'agite en tous
sens.

— Mon oncle, de grâce, taisez-vous ! Est-il
prudent de s'exprimer ainsi en pleine route
sur un sujet aussi dangereux et par le temps
qui court ? encore une fois silence, car si on
vous entendait, vous courriez le risque d'être
arrêté.

— Bah ! ne sommes-nous pas au beau règne
de la liberté ? Chaque citoyen n'a-t-il pas
maintenant le droit suprême de proclamer
tout haut ses opinions ?

— D'accord, mon oncle ; mais lorsqu'elles
s'accordent en tous points avec celles des gou-
vernans, des plus forts enfin.

C'est en vain que Nanette raisonne et supplie, Badouret n'en continue pas moins sur le
même ton, excité par le père Groslot, grand
partisan d'une révolution qui a réformé la
dîme et autres droits vexatoires, et à qui le
bon sens ne dit pas en ce moment que, tôt ou
tard, ce qui vient de la flûte retourne au tam-
bour, et qu'au lieu de payer un léger impôt
au curé et à son seigneur, il sera contraint
d'en verser un autre d'une valeur double et
triple dans la caisse du percepteur, vu que
rien n'est plus cher en ce monde qu'un gouvernement à bon marché!

Saint-Denis, puis la voiture publique où
tout en roulant vers la capitale, Badouret, au
grand déplaisir de sa nièce, fait connaissance
avec un monsieur, son voisin, homme insi-
nuant, grand questionneur, et qui, abondant
sans cesse dans le sens de l'ex-perruquier, ex-

cita son bavardage politique et imprudent, et
ses sarcasmes sur les actes de la Convention
Nationale. Paris, puis la cour où vient s'arrêter la voiture publique, où descendent les
voyageurs, où, sur un signe du monsieur, voisin de l'ex-perruquier, une demi-douzaine de
chenapans à figures rébarbatives, ignobles,
entourent Badouret et l'arrêtent au nom de
la loi, à la grande surprise et douleur de Nanette, qui, pâle, tremblante, en larmes, pro-
teste de l'innocence de son oncle et implore sa
liberté.

Vaine supplication ! Badouret, tout-à-fait
dégrisé par cet incident, est forcé de marcher
avec les gens de police, que précède le monsieur, qui n'est autre que leur chef, enfin un
mouchard de profession.

C'est à la préfecture qu'on conduit l'ex-
perruquier plus mort que vif en ce moment,

à la préfecture où l'accompagne sa nièce éplorée. Là, elle se jette aux pieds d'un chef, devant lequel est conduit son oncle en qualité d'ennemi de la Convention Nationale, et partisan aristocrate de Louis Capet.

— Qu'on fasse sortir cette pleurnicheuse, si mieux elle ne préfère aller en prison et tenir compagnie à l'accusé, fait entendre le chef, avec colère, en repoussant du pied la jeune femme qui l'implore.

— Allons, la belle! hors d'ici ou en prison, dit un argousin de police en relevant brusquement Nanette, et la poussant rudement dehors la salle où se passait cette scène, et refermant brusquement la porte sur elle.

— Mon oncle! mon pauvre oncle! s'écriait Nanette au désespoir, en se tordant les bras

et s'efforçant d'ouvrir la porte et de rentrer
dans la salle.

— Que fais-tu là ? petite, des jérémiades
qui ne te serviront qu'à t'envoyer en prison
avec celui que tu réclames! Crois-moi, décampe au plus vite, et si tu as quelques pro-
tecteurs puissans dans la ville, fais-les agir en
faveur de ton parent. Car ici, quand tu gé-
mirais cent ans, tu n'obtiendrais nulle pitié,
nulle grâce, bourdonne à l'oreille de Nanette
un homme en veste et coiffé d'un bonnet
rouge en laine.

— Hélas! Monsieur, mais je ne peux partir
sans mon pauvre oncle, le plus honnête
homme du monde, et dont le seul tort est de
s'être grisé tantôt...

— Ce qui le fait bavarder sans doute à

tort et à travers, et se compromettre comme un imbécile?...

— Hélas! oui, répond Nanette en sanglottant.

— Encore une fois, va-t-en, te dis-je, et hâte-toi avant qu'on ne r'ouvre cette porte; va-t-en, crois-moi, s'il est hors d'ici un mari ou des enfans qui t'attendent, car une fois coffrée par eux, tes amis t'attendraient longtemps et en vain.

— Des enfans! oh! oui, il en est deux qui ont besoin de moi, répond Nanette en s'éloignant vivement et désespérée.

Sortie de la Préfecture, elle regagne au plus vite sa demeure, où elle s'enferme et pleure toute la nuit en pensant à son oncle, son oncle, à la liberté de qui elle jure de travailler sans

relâche ni repos. Cela fut cause que le lendemain elle se mit en route dès la pointe du
jour.

Huit jours se sont écoulés depuis que Nanette, négligeant son commerce, tenant sa
boutique fermée, court la ville et fait mille
démarches sans pouvoir rencontrer de protecteur assez puissant pour lui rendre son oncle,
pour lui obtenir seulement la permission de
le visiter à la prison du Châtelet, où a été
conduit et enfermé l'ex-perruquier. Puis, pour
comble de malheur, le temps, qui s'écoule si
vite, fait que la première des terribles jour-
nées de septembre vient surprendre Nanette
un matin, au moment où elle se disposait à se
remettre en route. C'était le 2 du mois
de septembre 1792, jour néfaste où com-
mença le massacre des prisons; affreuse ago-
nie qui dura quarante-huit heures, où, sous

la désignation d'aristocrates conspirateurs ; et
sans jugement régulier, une bande affreuse de
bourreaux, de bouchers de chair humaine,
massacrèrent impitoyablement nobles, prêtres
et bourgeois détenus à la Force, à la Concier-
gerie, à l'Abbaye-Saint-Germain-des-Prés
et autres prisons. Ces monstres, désignés
de nos jours sous le titre de Septembriseurs,
firent rouler cinq mille têtes dans le pré-
cipice où s'engouffrait la monarchie. Or
donc, impossible à une pauvre femme, peu-
reuse et timide, de mettre ce jour-là les pieds
hors du logis, car un tumulte extrême, une
stupeur horrible régnaient dans tout Paris,
surtout rue Saint-Antoine, où de la boutique
de Nanette, située non loin de la Force, on
entendait les cris des victimes, qui, en sortant
le guichet de cette prison et rêvant la liberté,
se trouvaient aussitôt en présence d'infâmes
bourreaux, qui les massacraient sans nulle pi-

tié. Ainsi donc Nanette, glacée d'épouvante
et prosternée à terre, priait Dieu pour les infortunés qui expiraient en cette affreuse
journée. Sur la brune, la jeune femme
n'entendant plus que peu de bruit, inquiète
et désireuse de savoir en s'informant à quelques bons voisins, entr'ouvrait sa porte avec
précaution et silence, lorsqu'un homme se
précipite sur elle, la repousse dans la boutique où il pénètre aussi, et referme vivement
la porte sur lui.

—Au secours! s'écrie Nanette, glacée d'effroi.

— Silence! silence et pitié, Madame, s'é-
crie aussitôt l'étranger, dont les traits sont
hagards, les habits en désordre et tachés de
sang, en tombant aux genoux de la jeune
femme.

—Qui êtes-vous! que me voulez-vous? Monsieur!

—Un malheureux, un noble qui, à la faveur des ombres de la nuit, vient d'échapper aux portes de la Force, à la fureur d'une bande d'assassins, un infortuné que l'on poursuit et qui est perdu si vous appelez ou le chassez de chez vous.

— Hélas! est-ce bien vrai, ce que vous me dites-là, Monsieur; car en ce moment affreux, on a tant à craindre, tant à se méfier, répond en tremblant Nanette.

— Ah! que ne pouvez-vous voir mes traits, le sang qui ruisselle de la blessure qu'ils m'ont faite, puis mes larmes, ma douleur! alors, vous ne douteriez plus! répond l'étranger.

—Vous êtes blessé, Monsieur, ah! il fallait

donc le dire tout de suite. Attendez ! attendez !
je vais allumer la chandelle ; mais dans mon
arrière-boutique, afin que la lumière ne se
voie pas de la rue ; venez, Monsieur, ou plutôt, prenez ma main et suivez-moi.

— Ange secourable ! merci cent fois le ciel
qui m'a conduit vers toi ! murmure l'étranger
en suivant Nanette d'un pas faible et chancelant.

— Asseyez-vous là, il y a une bergère,
maintenant je vais battre le briquet. Quelques
coups sur la pierre, l'amadou s'enflamma, et
la chandelle est allumée; alors les yeux de Nanette se fixent sur l'étranger, puis la lingère
poussa un cri affreux en apercevant un visage
dont un sang, qui coulait en abondance d'une
large blessure à la tête, cachait tous les traits.

— Ne vous alarmez pas, Mademoiselle, un

peu d'eau, seulement, un peu d'eau, demande l'étranger.

Nanette s'empressa donc d'apporter tout ce qu'il faut, et de sa main bienfaisante, d'étancher et d'arrêter le sang au moyen d'une compresse, puis ensuite, de laver le visage de l'inconnu, que l'excès de la souffrance vient de plonger dans un profond évanouissement.

— Oh ciel! mais je ne me trompe pas, c'est lui! c'est monsieur de Chamalais! s'écrie la lingère, qui, après voir enlevé le voile de sang, a reconnu les traits du marquis.

— Oh! n'importe! secourons-le, car c'est son épouse, qui, du haut des cieux, a dirigé vers moi les pas de cet infortuné! Des soins prompts, efficaces, et le marquis ouvre les paupières, fixe son regard sur sa bienfaitrice, puis fait un mouvement de surprise.

— Vous me reconnaissez aussi? Monsieur, dit la lingère.

—Nanette! Nanette! ah! grâce! oublie, fille angélique, mes torts d'autrefois, et conserve moi une existence que j'emploierai à te respecter, à te bénir.

— Dieu m'ordonne de rendre le bien pour le mal, Monsieur le Marquis, n'ayez donc aucune crainte, et livrez-vous à mes soins.

— Oh! je ne redoute rien; les anges dont tu fais partie ignorent le mal et ne conçoivent que le bien... Nanette, ta famille?...

— Ma tante est morte, Monsieur; mon pauvre oncle en prison; enfin je suis seule, seule et bien chagrine!

— Et sans moi, Nanette, sans l'amour que j'avais osé concevoir pour tes charmes, sans ma déloyauté, enfin, tu aurais en ces jours de malheur et de larmes un époux pour te défendre, des enfans pour te chérir...

— Ne parlons pas de cela, Monsieur le Marquis, pensons plutôt en ce moment au moyen de vous dérober à toutes les recherches en vous cachant dans quelque lieu sûr et secret.

— Quoi ! Nanette, penses-tu à m'éloigner d'ici ? ignores-tu que, passé le seuil de ta porte, la mort est là pour moi ?

— Hélas ! comment donc faire alors, car, je vous l'ai dit, Monsieur le Marquis, je suis seule ici !...

— Alors, si tu crains ma présence, si tu

doutes de mon respect et de ma reconnaissance, ouvre-moi ta porte, afin que j'aille livrer ma tête aux assassins.

— Oh ! non , non ! je réponds de vous devant Dieu ! Restez , Monsieur ; restez chez moi.

— Nanette , que ne sais-je , hélas ! en quel lieu est mon épouse , mon enfant ; près d'eux que j'aurais plaisir à me rendre !

— Votre épouse , Monsieur le Marquis ! hélas !...

— Nanette, pourquoi ce soupir ? Ah ! parle ; connaîtrais-tu l'asyle de la marquise ?

— Votre épouse , Monsieur le Marquis , est au ciel , où ses vertus et ses souffrances l'ont envoyée , répond tristement Nanette

en baissant les yeux, afin de cacher ses larmes.

— Morte! morte! est-ce possible! ô mon
Dieu! s'écrie le marquis avec désespoir.

Puis il reprit avec anxiété :

— Et ma fille, ma Charlotte?..

— Confiée par moi à la nourrice de mon
fils, votre fille est heureuse et en santé.

— Quoi! c'est vous, Nanette, qui avez recueilli, pris soin de mon enfant?... reprend le
marquis dans la surprise et l'admiration, et les
mains jointes, se prosternant presque aux pieds
de la jeune femme.

— Monsieur, lisez cette lettre que pour vous,
avant de rendre son ame à Dieu, votre épouse
me confia, dans l'espoir qu'un jour je vous re-

verrais, dit Nanette, après avoir atteint la lettre dans le tiroir d'un meuble, et la présentant au marquis, qui aussitôt en rompt le cachet et en prend connaissance.

— Lisez, ô noble bienfaitrice ! lisez ces lignes où une épouse, prête d'expirer, m'apprend que vous seule fûtes son amie, son soutien dans le malheur; où elle vous bénit, et m'engage à partager un jour avec Nanette, son sauveur et son ange gardien, tout ce que nous possédons de fortune, si un jour les hommes, moins égarés, plus justes, nous la restituent ; où elle m'ordonne d'avoir pour votre vertu tout le respect et la vénération possibles.... Nanette, je suivrai les conseils que contient cette lettre. Ceux enfin, qu'avant d'avoir lu, mon cœur me dictait déjà ; oui, viennent des jours heureux, et votre bonheur sera mon but, ma seule occupation.

— Assez, assez, Monsieur; tant d'émotions peuvent être nuisibles à votre santé; une autre fois nous causerons davantage; ce soir il faut prendre du repos...

— Encore un mot, Nanette; vous êtes mère, m'avez-vous dit?...

— Oui, Monsieur le Marquis, j'ai un fils que vous privâtes d'un père, il y a quatre ans, en faisant exiler Xavier, mon prétendu, aux Colonies américaines.

— Grâce, pour cette faute que je m'efforcerai de réparer, Nanette, en servant de père à votre fils, si Dieu et les hommes permettent que je vive!

— Xavier n'est point mort, Monsieur; en ce moment il sert la France, sous les drapeaux, il est honoré d'un grade; bientôt il doit venir ici serrer nos nœuds et légitimer la naissance de notre enfant.

— Qu'il daigne alors me pardonner mes torts à son égard, et nous serons amis et frères ! Nanette, je souhaite que ma fille trouve un jour un époux dans le fils de Xavier et de Nanette, tel est mon vœu le plus ardent et le plus doux à mon cœur.

FIN DU PREMIER VOLUME.

FIN DU PREMIER VOLUME

TABLE DES CHAPITRES

FIN DE LA TABLE.

FONTAINEBLEAU. — Imprimerie de E. JACQUIN.

[illegible]

[illegible]

[illegible]
[illegible]
[illegible]
[illegible]
[illegible]
[illegible]
[illegible]
[illegible]

[illegible]

[illegible]

NAPOLÉON ET LE PEUPLE

PAR UN HOMME D'ÉTAT

1 beau volume jésus vélin, contenant la matière de 3 vol. in-8...

UNE FÊTE MISE À PRIX, par DIDOCOURT

ALFRED, roman, par le duc D'ABRANTÈS

LA CHAMBRE NOIRE, par GUSTAVE DESNOIRESTERRES

MARIEZ-VOUS! par VICTOR ROUSSY

STUARTS ET BOURBONS, par J.-A. DAVID

LA VILLE AUX TROIS CARNAVALS, par URBINO

UN GRAND HOMME POLITIQUE, par CHARLES MARCHAL

LA VERTU D'UNE GRISETTE, par SALTRET et KELLER

CONFESSIONS GALANTES, par...

LES RAZZIAS

SOUVENIRS D'UN VOYAGE EN ALGÉRIE

PAR M. A. Bourjot

2 vol. in-8, ornés de figures dessinées par Penot.

Prix 16 fr. et 18 par la poste